LES TEMPS NOUVEAUX

Sous la direction de
VINCENT MARTIGNY

LES TEMPS NOUVEAUX

En finir avec la nostalgie des Trente Glorieuses

ÉDITIONS DU SEUIL
57, rue Gaston-Tessier, Paris XIXe

ISBN 978-2-02-158498-1

www.seuil.com

« Toute image du passé est émouvante et belle. Les moindres détails s'y colorent d'une lumière de légende, propre aux spectacles que nous pouvons contempler sans agir. »

Ferdinand Alquié, *Le désir d'éternité*,
Paris, Quadrige, (1943) 2014

Le passé ne suffira pas

Vincent Martigny

Les anciens, Monsieur, sont les anciens ;
et nous sommes les gens de maintenant.

Molière, *Le Malade imaginaire*,
Acte II, scène 6

Il est des époques qui refusent de mourir : elles flottent, comme des nuages lourds d'histoires, de rêves, de symboles, au-dessus de nos quotidiens. Les Trente Glorieuses sont de celles-là. Elles ont le grain de ces Polaroid d'enfance aux couleurs passées qu'on ne sait plus exactement situer mais qui s'impriment encore dans les coins les plus intimes de notre mémoire rétinienne. Leur écho persiste, intime et collectif à la fois : c'est celui d'un passé mythifié que l'on ressasse comme une chanson familière. Il suffit de prononcer leur nom pour que surgissent des images entêtantes : les usines fumantes, les foyers tout juste électrifiés, les pavillons et les grands ensembles, les DS et les Citroën 2 CV neuves roulant sur des autoroutes se déployant à l'infini, vers un futur radieux. Évoquer les Trente Glorieuses, c'est faire revivre les tables en Formica, la télé en noir et blanc, la machine à laver et les meubles Ikea avant l'heure, tout en formules géométriques et plastique bon marché. C'est convoquer les souvenirs de vacances sur la Côte, les repas interminables autour de la table familiale, les clubs Mickey, les films de Gabin ou de Bourvil, Bardot, Delon et Belmondo, une chanson de Johnny ou de Claude François dans un juke-box de bar-tabac.

Dans les temps incertains qui sont les nôtres, où le présent semble instable et l'avenir incertain, la nostalgie des Trente Glorieuses s'invite partout. Elle s'immisce dans les discours politiques, dans les débats de société, dans les conversations quotidiennes des familles, dans les supermarchés et les bars PMU. Elle s'agrippe à nos souvenirs, à ceux de nos parents et de nos grands-parents, fantôme bienveillant d'une époque où tout paraissait simple.

Elle nous parvient comme un bloc qui touche toutes les classes sociales, et tous les âges, y compris celles et ceux qui ne l'ont pas vécue. Elle fantasme la société d'alors, encore traditionnelle, aux rôles bien définis, portée par une croissance démographique forte, où triomphaient la famille nucléaire, unie et stable, des relations (apparemment) apaisées entre les genres, marquée par une certaine conception de la séduction et de l'amour entre hommes et femmes, que le mouvement #MeeToo n'avait pas encore remise en cause. Elle glorifie un pays culturellement homogène, traversé par des clivages politiques invariables et bien identifiés de tous, habité par des partis et des syndicats puissants. Elle encense une époque de progrès social marquée à la fois par une croyance dans la réussite individuelle – incarnée par le rêve de la maison et de la voiture individuelles – et communiant parallèlement dans des utopies collectives.

En 2017, Emmanuel Macron revendiquait d'incarner la modernité et la rupture avec les schémas du passé, sans échapper à cette fascination collective. Dans une France en proie au doute et à l'incertitude, le macronisme s'est rêvé en bâtisseur d'une nouvelle version des Trente Glorieuses, adaptée aux défis contemporains. Le jeune président a été élu sur une promesse de croissance économique, de nouvelle ère d'innovation technologique et de prospérité pour tous. Mais lorsque les temps se sont gâtés, sa réponse fut de mettre en place le Conseil national de la refondation (CNR), dans une référence appuyée au Conseil national de la résistance, organisme fondateur de la reconstruction de l'après-guerre, dont il a même repris le sigle.

Depuis sa réélection en 2022, le virage passéiste s'est accentué. Dans sa conférence de presse de janvier 2024, le président ne promettait-il pas que « la France reste[rait] la France », vantant le mérite, l'effort et le travail, l'ordre, l'uniforme à l'école, la propriété privée et la « bagnole » comme piliers du modèle français ? Il est à ce titre symptomatique – et ironique – que la rentrée parlementaire de Renaissance, le parti présidentiel, se soit tenue en septembre 2024 au « village de Sully » en région parisienne, une reconstitution en carton-pâte d'un village figé dans les années 1970.

Cette antienne du « c'était mieux avant » ne se limite pas à la politique. La société française tout entière semble fonctionner comme une radio nostalgie branchée en permanence. À la télévision, nos soirées sont régulièrement investies par les grimaces survoltées de Louis de Funès, le charme maladroit de Pierre Richard ou les dialogues de Michel Audiard.

Véritables *Hibernatus* télévisuels que l'on revoit inlassablement, ces images témoignent d'une France légère, où l'on riait des petites mesquineries, des travers de l'autorité comme des voyous, où l'on caricaturait l'époque sans trop la malmener. *Les Bronzés*, cette autre madeleine télévisuelle, est un cas intéressant en ce que la bande du *Splendid* se situe à cheval sur deux époques. Ces vacanciers oisifs et hédonistes, perdus entre les gags et les quiproquos amoureux, anticipent à merveille la quête du plaisir, du rire, du corps bronzé sous le soleil qui sera celle des années 1980. En même temps, *Les Bronzés font du ski* demeurent pleinement inscrits dans les Trente Glorieuses : celles où l'on prend ses vacances d'hiver dans des stations de montagne sans se soucier du réchauffement climatique, où les relations humaines se déclinent dans une joyeuse légèreté, et où les questions de classe ou de politique semblent s'effacer derrière les aléas sentimentaux et les blagues potaches. Une France joyeuse et naïve, où le consumérisme des années 1970 – qui n'atteint pas encore l'apogée qu'il connaîtra lors de la décennie suivante – s'accompagne d'un certain goût pour la vie simple et l'humour grivois. Alors que le film s'était révélé un relatif échec commercial lors de sa sortie en 1979 (1,5 million de spectateurs en salle), ses rediffusions sont devenues des succès d'audience systématiques : il a réuni lors de son dernier passage à la télévision en février 2024 plus de 5 millions de spectateurs (dont 46 % de part d'audience auprès des 15-24 ans), pulvérisant ses concurrents sur les autres chaînes, comme à chaque diffusion depuis trente ans, mais sans atteindre le record du 31 janvier 2006 et ses 12 millions de téléspectateurs.

Les Trente Glorieuses sont exemplaires du mythe de l'âge d'or évoqué par Raoul Girardet comme l'une des quatre grandes formes de mythologie politique, dont l'historien du nationalisme français souligne que la nostalgie « débouche généralement sur l'attente et la prédication prophétique de leur résurrection[1] ». Et ce mythe pèse lourd sur notre imaginaire collectif. Il nourrit une mélancolie de l'abondance perdue, qui nous empêche de faire face au présent. Comme si cette parenthèse de prospérité dans l'histoire de l'Occident était devenue le mètre étalon des aspirations contemporaines, et que la modernité n'était jugée qu'à l'aune de sa déchéance vis-à-vis de cet âge d'or. Ces années de conquêtes sociales et d'électroménager flambant neuf nous hantent ; elles incarnent un passé qui semble avoir volé l'avenir. Alors même que les ressources s'épuisent, que la planète suffoque, que les fractures sociales s'élargissent, ce modèle de croissance et de consumérisme effrénés continue de fasciner.

Dans ses *Mythologies*, Roland Barthes souligne que « la fonction du mythe, c'est d'évacuer le réel[2] ». Les Trente Glorieuses, avant d'être une période historique, sont en effet une fable, et comme toutes les fables, elles nous piègent autant qu'elles nous inspirent. Elles ont été érigées en totem, symbole d'un monde sans limite, d'une vie facile, dans laquelle les néons des supermarchés brillaient comme des promesses, et la modernité n'avait pas encore ce goût amer que les décennies suivantes lui ont donné. En inventant le terme dans un ouvrage devenu un best-seller dès sa parution en 1979[3], l'économiste Jean Fourastié en a aussi construit la mythologie :

1. Raoul Girardet, *Mythes et mythologies politiques*, Paris, Seuil, 1986, p. 15.

2. Roland Barthes, *Mythologies* [1957], Paris, Points, 2014, p. 161.

3. Jean Fourastié, *Les Trente Glorieuses. La révolution invisible*, Paris, Fayard, 1979.

celle d'une période de progrès matériel généralisé résumée par l'allégorie des deux villages imaginaires de Madère et de Cessac – en fait un seul et même lieu, Douelle dans le Lot, en 1945 et en 1975. Madère incarne un passé figé dans une temporalité immuable, où les habitants vivent dans un monde archaïque, essentiellement agricole, caractérisé par la lenteur du progrès. À l'opposé, Cessac symbolise l'essor fulgurant des Trente Glorieuses, la modernité rendue possible par l'arrivée des machines, de l'industrie, des infrastructures modernes, porteuse d'une prospérité sans précédent, marquée par l'urbanisation et la consommation de masse.

En réalité, l'expression forgée par Fourastié unifie des époques éloignées en tout. Comment comparer les années 1950 et 1960, empreintes de conservatisme moral, marquées par l'instabilité politique, le sentiment de déclin national que la guerre d'indépendance algérienne symbolise, avec le bouillonnement de Mai 68 et la relative insouciance de la décennie suivante, faite de libération sexuelle (relative) et de confort grandissant, au moins pour les classes moyennes émergentes ? Nous savons aussi, grâce aux nombreux travaux d'historiens qui ont revisité la période, que la France entière n'a pas profité de tels progrès : les ouvriers, les immigrés, ou les petits commerçants écrasés par la grande distribution – les premières victimes du productivisme –, il y eut des perdants et des oubliés de la grande abondance[4]. Nous vivons en réalité

4. Pour un regard critique, voir notamment Christophe Bonneuil, Céline Pessis et Sezin Topçu (dir.), *Une autre histoire des « Trente Glorieuses ». Modernisation, contestations et pollutions dans la France d'après-guerre*, Paris, La Découverte, 2013, ou Herrick Chapman, *La Longue Reconstruction de la France. À la recherche de la République moderne*, Paris, Presses de Sciences Po, 2021.

dans l'ombre d'un temps qui, pour certains, n'a existé que dans les récits enjolivés de l'après-guerre.

Pour autant, ce livre n'entend pas se placer sur le terrain du débat historique sur les Trente Glorieuses. Il s'intéresse avant tout à une mythologie contemporaine et à ses effets sur la société française d'aujourd'hui. Surtout, il aspire à proposer des moyens de sortir des récits qu'elle a fait naître, qui bornent notre réalité et dont il semble devenu impossible de se défaire. Mais pour affronter ce *spleen* si singulier, il faut d'abord faire face à un mythe qui divise plus qu'il ne rassemble.

La guerre des mythes

Si la nostalgie des Trente Glorieuses s'insinue dans tous les segments de la société, et nous invite en permanence à habiter le « pays du passé », selon la belle formule de Guéorgui Gospodinov[5], c'est parce qu'elle renvoie à des imaginaires auxquels n'échappe aucune force politique. Quelle que soit leur position sur l'échiquier politique, leur héritage s'interprète de manière radicalement différente, révélant des visions du monde opposées mais toutes également tournées vers le passé. Pour les uns, les Trente Glorieuses incarnent l'ordre, la discipline, le mérite individuel et la stabilité sociale ; pour les autres, elles sont le terreau de luttes, de bouleversements et de contestations qui ont fait vaciller un modèle conservateur et hiérarchisé.

5. Guéorgui Gospodinov, *Le Pays du passé* [2020], trad. du bulgare par Marie Vrinat, Paris, Folio, 2024.

La droite entretient l'image d'une époque bénie où le travail, l'effort personnel et la méritocratie, étaient les fondements d'une société dans laquelle chacun avait un rôle clairement défini dans la grande machine de la reconstruction. Les hommes travaillaient pour faire tourner l'économie, les femmes restaient à la maison pour élever les enfants avant d'intégrer progressivement le marché du travail, et les immigrés, quant à eux, étaient des bras au service du boom industriel. L'harmonie semblait naturelle, inébranlable, car fondée sur une hiérarchie et des normes sociales strictes et acceptées.

On dit que les jeunes hussards de la nouvelle droite identitaire prennent aujourd'hui pour référence les films de Claude Sautet, imitant en cela Éric Zemmour qui le citait explicitement dans ses livres et dans sa vidéo de déclaration de campagne en 2022. Le réalisateur des *Choses de la vie* et de *Vincent, François, Paul... et les autres* aurait probablement renié ces nouveaux *aficionados*, aux antipodes de sa sensibilité politique. Mais une telle filiation n'est pas étonnante, tant ce cinéma, qui souligne avant tout la quête éperdue de bonheur et d'authenticité, dresse aussi le portrait d'une France de la nouvelle bourgeoisie prospère, des banlieues tranquilles, des week-ends à la campagne et des discussions entre hommes dans des atmosphères enfumées, où les drames se tissent dans un quotidien apparemment ordonné. Les Trente Glorieuses représentent pour les conservateurs une sorte de modèle parfait : un monde organisé autour d'une division nette entre ceux qui dirigent et ceux qui obéissent, entre les patrons et les ouvriers, les hommes et les femmes, les nationaux et les étrangers. Une époque où la modernité était compatible avec les valeurs traditionnelles, où l'on pouvait concilier la croissance économique et un ordre social hiérarchisé, un univers où chacun, à sa place, contribuait au bien commun sans remettre en cause l'équilibre de la société. Un ordre du monde lisible et ordonné, celui de la Guerre froide et des deux grands blocs dans lesquels les partis français s'inséraient de manière claire. C'était le temps de la « Grandeur » et des « valeurs », celles d'une société patriarcale et homogène, où les immigrés travaillaient dans l'ombre, tenus à distance de la sphère publique. Une ère où la culture, l'art, le savoir étaient considérés comme universels, incarnés par une élite intellectuelle essentiellement masculine, blanche et occidentale. Dans le prolongement de cette conception, l'extrême droite fait quant à elle référence aux Trente Glorieuses pour ressusciter le récit d'une France « pure », dans laquelle l'identité nationale était apparemment inébranlable, un outil politique pour alimenter le rejet du multiculturalisme et de l'immigration. La nostalgie s'y fait alors outil de résistance à la modernité perçue comme décadente.

À gauche, les Trente Glorieuses ne sont pas perçues comme un âge d'or à restaurer mais plutôt comme un moment de germination, celui où les forces de libération ont commencé à ébranler les piliers d'un ordre social devenu étouffant. Les gauches y voient les prémices des révolutions culturelles et sociales qui allaient suivre. Loin d'idéaliser le travail et le mérite comme des valeurs figées, elles perçoivent les Trente Glorieuses comme le point d'émergence de nouvelles aspirations : la critique renouvelée du capitalisme, la contestation de l'exploitation des classes populaires, la décolonisation et l'émergence d'une pensée critique sur la nation, et, surtout, la libération des individus de carcans sociaux et moraux. Ce fut l'époque des grands mouvements sociaux, où les travailleurs ont commencé à revendiquer non seulement de meilleures conditions matérielles, mais aussi une dignité retrouvée. La subordination des femmes, l'invisibilisation des minorités et la rigidité d'un système sont dénoncées par les mouvements sociaux et culturels des années 1960 et 1970. L'apparente libération sexuelle a constitué un premier défi à l'ordre patriarcal au nom du droit des femmes à disposer de leur corps – même si ce sont surtout les hommes qui semblent en avoir profité. Le modèle de la femme au foyer, glorifié par la droite, devenait une prison à déconstruire, même si les femmes, encore cantonnées à des rôles traditionnels dans bien des sphères de la société, se sont vues confrontées à de nouvelles formes de domination sous couvert de libération.

Mai 68 a ainsi cristallisé cette rupture entre ces deux visions des Trente Glorieuses. La jeunesse, qui n'avait pas connu la Seconde Guerre mondiale, mais héritait d'une prospérité sans histoire, s'est rebellée contre ce qu'elle considérait comme un monde figé, vieux, sourd aux aspirations nouvelles. Une époque où la parole s'est libérée, où la liberté d'expression, longtemps muselée par le conformisme social, a fait irruption dans les rues, dans les usines, et sur les campus.

Si la nostalgie de droite se fonde sur le fantasme du retour à une société culturellement homogène, centrée sur les principes d'autorité et de travail, celle de la gauche prend appui sur l'imaginaire des acquis sociaux, des conquêtes ouvrières et d'une économie davantage orientée vers l'État-providence, d'inégalités mieux contrôlées, d'un service public fort et de mouvements sociaux actifs et victorieux. Le spectre de Mai 68 plane sur ces discours, soit comme le début de l'effondrement des valeurs morales et des hiérarchies esthétiques et culturelles, soit comme le point culminant de la revendication d'un monde plus juste, dans lequel le capitalisme et le pouvoir des élites auraient été temporairement contestés.

Du point de vue des citoyens, une partie de la population est comme « coincée » dans les Trente Glorieuses, tant le monde contemporain apparait comme une menace. Cette saturation de nostalgie est révélatrice d'une quête : celle d'un passé rassurant face à un présent troublé et une modernité inaccessible. Dans *Les Ingénieurs du chaos*, Giuliano da Empoli lie l'adhésion aux partis populistes à la peur des citoyens ordinaires qu'on leur retire un certain nombre d'éléments de leur vie matérielle – des voitures diesel aux voyages en avion, en passant par les costumes d'Indien pour les enfants ou les barbecues – au nom de l'adaptation à la modernité[6]. Ce phénomène n'est pas spécifique à la France. Aux États-Unis, le mouvement Maga (Make America Great Again) manifeste un fantasme similaire de revenir à l'Amérique Wasp triomphante des années 1950 et 1960, comme l'avait déjà fait Ronald Reagan dans les années 1980. La nette victoire de Donald Trump lors de l'élection présidentielle de novembre 2024 est une manifestation éclatante de la puissance politique de ce récit. En Italie comme en Allemagne, au Brésil comme en Turquie, en Hongrie ou en Inde, le passé est un outil politique majeur dans la main des populistes et autres apprentis dictateurs, qui jouent sur la crainte, voire le refus acharné du changement d'une partie des opinions publiques mondiales, pour imposer leur agenda.

6. Giuliano da Empoli, *Les Ingénieurs du chaos*, Paris, Gallimard, 2019 (postface de l'édition de 2023).

Nous sommes les gens de maintenant

Alors que nous faisons face à des défis sans précédent, les récits conservateurs ou progressistes inspirés des Trente Glorieuses semblent incapables de répondre aux nouvelles réalités. Ni la nostalgie de l'ordre et du mérite, ni le rêve d'une révolution citoyenne ou l'appel à la justice sociale perdue ne suffisent à offrir une vision claire de l'avenir. Entre ces deux mythologies, c'est un espace de réflexion qu'il nous faut désormais habiter, un lieu où les contradictions de ces trente années peuvent être comprises, pour que nous puissions, enfin, penser de nouvelles manières d'être ensemble.

Ce livre est une tentative d'exploration de cette tendresse pour un passé que beaucoup n'ont même pas connu, mais qu'ils portent en eux comme une promesse brisée. Que cherchons-nous vraiment, quand nous rêvons des Trente Glorieuses ? Est-ce le confort matériel, l'optimisme collectif, ou simplement l'illusion d'un monde plus sûr ? Quelle que soit la réponse à ces questions, il est indispensable d'en finir avec ce mythe. Non pour le renier, mais pour mieux en comprendre les limites et les contradictions. Il faut rompre avec cette nostalgie qui bloque notre capacité à imaginer de nouvelles façons de vivre. La réorganisation des rapports entre les hommes et les femmes, corollaire d'une révolution du genre, le réchauffement climatique, les inégalités persistantes, la transformation numérique, les aspirations démocratiques nouvelles ou la nécessité d'un consentement démocratique revivifié – ne peuvent être résolus par une politique du rétroviseur qui consiste à pleurer un paradis perdu qui n'en était d'ailleurs peut-être pas un. Le monde a changé. Il est temps d'accepter que l'avenir ne ressemblera plus jamais aux Trente Glorieuses, et que c'est une bonne nouvelle.

Ni compte rendu historique, ni pamphlet antiboomers, ce livre est à mi-chemin entre l'analyse et le manifeste. Il regroupe des penseurs de tous horizons – universitaires, journalistes, syndicalistes, écrivains – et de tous âges, dont les plus jeunes, trentenaires, n'ont connu cette période qu'à la télévision et dans les récits de leurs aînés, quand la doyenne d'entre eux était déjà une adolescente lorsqu'elles ont débuté. Il fait la part belle à une génération, celle de l'auteur de ces lignes, née à la fin des Trente Glorieuses, qui réalise que la prise de conscience des enjeux auxquels sont confrontées les démocraties contemporaines est insuffisante, si elle ne s'accompagne pas de la remise en cause de modes de vie et des cadres de pensée de la génération précédente. Il se veut un manifeste, en ce qu'il encourage à vivre dans notre époque et incite à considérer les défis qui s'imposent au présent, afin d'y faire face sans béquille mémorielle. À travers la diversité des sujets abordés, il prétend tracer un continuum entre des questions généralement traitées séparément – la sexualité, le droit des femmes, la famille, la consommation, la croissance, le rapport à la science et au progrès, la diversité ethno-culturelle ou les mouvements sociaux – et propose une vision panoptique de la société. À ce titre, il est une invitation à déconstruire les récits qui continuent de structurer notre univers mental, à regarder avec lucidité la complexité de cette époque et à nous libérer de ses fantômes. Son but est de nous donner les moyens de penser demain autrement, de fixer un horizon de réflexion et de participer à la construction de nouveaux imaginaires. Et, ce faisant, de forger les arguments et les motifs qui, un jour ou l'autre, seront les ferments d'une nouvelle politique.

La société actuelle, en France comme dans toutes les grandes démocraties mondiales, se répartit entre celles et ceux qui se satisfont de ce qui est ; ceux qui font du passé l'horizon de leur avenir ; et un dernier ensemble qui aspire à un monde nouveau, sans en connaître précisément les contours. Porteurs d'espoirs et d'inquiétudes mêlés, ceux-là cherchent à comprendre notre temps et à inventer l'avenir sans céder à l'immobilisme, au catastrophisme ou au défaitisme. Ce livre leur est dédié.

PREMIÈRE PARTIE

LA RÉVOLUTION EN COURS

Jouir sans entraves ?

Maïa Mazaurette

Jouir sans entraves, disaient-*ils*.

En théorie, le programme était charmant : en pratique, on n'a pas fini de ramasser les blessées.

Certaines formules vieillissent mal. Celle-ci a trébuché sur tous les scandales sexuels des dernières décennies. On pense immédiatement à l'affaire DSK en 2011, à l'explosion du mouvement #MeToo en 2017, à l'affaire Epstein en 2019. Mais on peut aussi penser aux atteintes sur mineurs dans l'Église, dans certaines communautés juives ultra-orthodoxes, dans certaines écoles coraniques, dans divers mouvements sectaires. On pense à l'inceste, à l'esclavage sexuel, aux réseaux pédocriminels, à l'infini ressac des violences sexistes et sexuelles – du harcèlement de rue au viol aggravé. Dresser une liste exhaustive de ce qui se passe quand on prétend « jouir sans entraves » a des avantages (établir des continuités) et des défauts (comparer l'incomparable).

Mais, bien sûr, la plupart de ces faits n'ont rien à voir avec le slogan « jouir sans entraves » – ni avec ceux qui l'ont porté.

On ne peut pas accuser trois mots de toutes les misères du monde. Mais on peut reconnaître qu'ils laissent un goût d'amertume dans la bouche.

D'autant que pour une partie de la génération née et éduquée durant les Trente Glorieuses, la période reine du « jouir sans entraves » (je me borne aux années 1968 à 1975, pour les besoins de cet ouvrage) continue de susciter une nostalgie pleine et entière.

Mes parents avaient 18 ans en Mai 1968 : personnellement, je n'ai jamais entendu cette génération remettre en question les images d'Épinal qui constituent la mythologie de leur jeunesse. À la télé, à la radio, des baby-boomers (plutôt des hommes) racontent et re-racontent une épopée d'insouciance, de liberté et de conquête, ponctuée d'anecdotes truculentes où des corps sains et terriblement chevelus se mélangent à l'arrière de 4L. Une histoire de fête, de partage et d'opportunités de coucheries à chaque coin de rue.

Dans ce narratif-là, tout est beau, tout est pur.

Et puis après, tout s'écroule. Le sida arrive. Internet. Les applis de rencontre. Les sextoys. Les tubes pornographiques. Le coup de grâce : MeToo, qui oblige à relire le passé fantasmé.

Pour certains, cette relecture semble impossible – on ne renverse pas les idoles, encore moins celles de sa jeunesse.

Pour les plus attachés au passé, tout se passe comme si la violence sexuelle des années 1968-1975 ne relevait que de l'accident – et devait être passée sous silence. Comme si des mauvaises personnes avaient commis des actions dégueulasses mais de manière exceptionnelle. Comme s'il n'y avait aucun continuum entre les agresseurs et les non-agresseurs. Comme s'il y avait eu des gentils hippies d'un côté et des monstres de l'autre.

Comme si, finalement, la sexualité restait une affaire purement individuelle, nullement influencée par la culture, la loi ou même l'esprit d'une époque.

Comme si on pouvait fermer de manière étanche la porte de la chambre à coucher.

Ma génération est revenue de cette vision : quand nous faisons l'amour, nous avons les deux pieds dans la société, les deux mains dans la politique et la tête dans la culture. (Je vous rassure, ça laisse pas mal de zones érogènes disponibles.)

Cette vision très spécifique nous fait atteindre le point « conflit » de ce chapitre : la banalité d'une énième querelle entre Anciens et Modernes. Avec un constat : sexuellement, on ne se comprend pas. Vu depuis le monde des Trente Glorieuses, un âge d'or de la sexualité a existé et s'est refermé comme une parenthèse. Avant, le sexe était cadenassé. Après, il est devenu triste. Cette exceptionnalité des années 1968-1975 en matière sexuelle donne à cette génération une cohésion bien particulière : la certitude de sa chance et l'étalage d'un bonheur qui ne reviendra plus.

Vu depuis ma galaxie post-MeToo, le diagnostic est tout à fait différent, et certainement pas moins cruel : ce que les jouisseurs ont qualifié d'« entraves » se divise en trois temps. Avant le rapport sexuel : le désir des femmes. Pendant : leur dignité. Après : leur voix. Ce que nous avons retenu de l'actualité des dernières années, c'est que l'enfer des Trente Glorieuses est pavé de porcs – et le pire, c'est que la plupart avaient de bonnes intentions.

Il paraît qu'il ne faut pas juger le passé avec les valeurs du présent. C'est la formule préférée de ceux qui jugent le présent avec les valeurs du passé.

Exiger de n'être pas jugé, c'est exiger que le futur mette son cerveau sur pause. Ce n'est pas une demande raisonnable.

D'ailleurs, contrairement à ce qu'on entend souvent, le mouvement #MeToo n'a pas déboulonné cette aspiration au « jouir sans entraves ». Il a juste explicité les enjeux. Ce n'était pas bien compliqué : il suffisait de préciser le sujet (la personne qui jouit est un homme) et la nature des entraves (l'avis des autres).

Bien sûr, une telle lecture peut se voir taxée de caricature. Les pourfendeurs des « entraves » se battaient avant tout contre le puritanisme, la non-mixité, la menace de grossesses non désirées. Et puis les Trente Glorieuses, ce n'est pas seulement Mai 1968.

Il s'est passé plein de choses. À commencer par la « révolution sexuelle ».

À ce sujet, je voudrais faire une mise au point : la révolution sexuelle n'a pas révolutionné la pratique de la sexualité. Pour autant qu'on puisse le démontrer, entre 1945 et 1975, certaines modalités concrètes du *désir* ont été modifiées (pour les hommes). Mais zéro modalité concrète du *plaisir*.

Les études dont on dispose sont trop rares pour qu'on puisse identifier l'arrivée de nouvelles pratiques – encore moins une quelconque « explosion » orgasmique. Ce que l'on sait, en revanche, depuis que les sondages ont augmenté leur fréquence (il en sort aujourd'hui des dizaines chaque année), c'est que la sexualité appartient au temps long. Il n'y a pas de tendances printemps-été, pas de « position de l'année », pas de sursauts. Sauf dans le cas des innovations techniques (smartphones, sextoys), les évolutions sont extrêmement progressives, lentes, générationnelles.

Ce qu'on constate, au risque de doucher l'idée même d'une possible « révolution » sexuelle, c'est que depuis 1948, l'âge du premier rapport n'a quasiment pas changé, ni la fréquence sexuelle dans le couple. Le Kamasutra se résume à trois ou quatre positions, qui sont toujours les mêmes. Le répertoire de pratiques s'est doucement déployé, avec une augmentation de la masturbation et des rapports oro-génitaux… mais quand certaines courbes s'accentuent, c'est *après* les Trente Glorieuses.

La révolution se trouve donc ailleurs.

Fausses pistes

Il faut citer, pour commencer, la révolution de la reproduction : en France, la loi Neuwirth de 1967 (qui autorise la contraception) et la loi Veil de 1974 (qui dépénalise l'avortement) ont indéniablement changé la donne. Malheureusement, elles ont aussi généré des formes de conservatisme dans le domaine sexuel : parce que le risque de grossesse non désirée s'éloignait, les pratiques se sont concentrées sur la pénétration du pénis dans le vagin. Je traduis : moins on a voulu faire d'enfants, plus on s'est concentré sur l'unique pratique sexuelle permettant de faire des enfants.

Le problème, c'est qu'en termes de plaisir sexuel pur et dur, cette obsession pour la pénétration vaginale a été aussi fantastique pour les hommes qu'elle a été décevante pour les femmes. On sait, depuis des décennies, grâce à des dizaines d'études, que l'insertion du pénis dans le vagin n'est pas très favorable à la jouissance féminine – et pourtant, film après film, livre après livre, la génération de Mai 1968 a persisté à glorifier la « fusion » sexuelle – cette intéressante forme de pensée magique voulant que dans le cadre d'un rapport hétérosexuel, quand l'homme a du plaisir, la femme aussi (une logique très poétique de vases communicants – mais scientifiquement fausse).

À ce titre, s'il faut établir un bilan des Trente Glorieuses en termes de plaisir des *femmes*, ce bilan est négatif. (On me permettra de jouer pour mon équipe, et de déplorer cet état de fait.)

Pour le dire brutalement : quand les hommes jouissent sans entraves, ils jouissent tout seuls.

Il faut également prendre en compte la révolution de la publicisation de la sexualité, qui est passée par la révélation du corps des femmes (1946 pour le bikini, 1960 pour la minijupe), par la science (1948, premier rapport du sexologue Alfred Kinsey aux États-Unis, 1972, best-seller *Les Joies du sexe* d'Alex Comfort en librairie, 1972 encore, rapport Simon en France, 1976, rapport de la sexologue américaine Shere Hite), et par la pornographie (1953 pour la création par Hugh Hefner du magazine *Playboy*, 1972 pour le carton *Gorge profonde* de Gerard Damiano, 1974 pour le raz-de-marée *Emmanuelle* de Just Jaeckin, qui correspond sous la présidence de Valéry Giscard d'Estaing au début d'un certain recul de la censure institutionnelle envers les œuvres pornographiques).

Là encore, il convient de pointer les limites de ces (r)évolutions : ni le discours scientifique, ni le discours artistique, ni les jambes des femmes sur les plages n'ont permis une meilleure communication de ses désirs au niveau individuel. Cela ne s'est d'ailleurs pas réellement arrangé depuis. En 2024, il reste compliqué pour la plupart des gens d'exprimer leurs désirs et leurs limites, dans un cadre intime. Et les femmes sont toujours jugées lorsqu'elles prennent publiquement la parole pour parler de sexualité.

À peine la moitié des femmes osent demander ce qu'elles veulent sexuellement (Ipsos/ *Psychologies Magazine*, avril 2014)… et à peine un tiers des Français trouvent « très facile » de parler de sexualité dans leur couple (Harris Interactive / XloveCam, août 2023). Ces silences-là ne sont pas très révolutionnaires.

Cette persistance de la gêne, incompatible avec un discours de libération, se retrouve dans tous les domaines associés aux permissions prises durant les Trente Glorieuses : sois libre d'être gay ou lesbienne, mais au placard. Infidèle, mais en gardant les apparences intactes. Partouze, mais rentre dormir chez bobonne. Pénètre, mais n'échange surtout pas les rôles. Sois une femme libérée, pourvu que personne ne soit au courant et que tu acceptes d'être gentiment traitée de catin.

On peut y voir soit de l'hypocrisie, soit les effets du temps long de la sexualité : les discours (et les lois) rament derrière les pratiques.

Aucune révolution ne maintient intactes les structures du pouvoir.

Les Trente Glorieuses ont maintenu la prééminence des hommes sur les femmes, des adultes sur les enfants, de l'hétérosexualité sur l'homosexualité, de la monogamie sur les attachements multiples, pour proposer un idéal abrutissant : plus de pénétration.

C'est le degré un du plaisir, et le degré zéro de la sexualité.

Certaines questions de fond ont été posées (par des femmes) : libération sexuelle de qui ?

D'autres ont à peine été effleurées : libération sexuelle, pour quoi faire ?

Heureusement, depuis les Trente Glorieuses, les choses se sont arrangées. Ma génération et les suivantes ont déconstruit – et reconstruit.

Échappées belles

Le clitoris est entré dans les manuels scolaires et c'est une révolution – toute récente, puisqu'elle date de 2017. L'émergence médiatique du seul organe intégralement dédié au plaisir date de 2008, quand sa première échographie a été réalisée par le chirurgien Pierre Foldès et la gynécologue Odile Buisson. Depuis, le clitoris est devenu un élément de pop culture, qui s'accroche en 3D à nos arbres de Noël et se porte fièrement en pendentif. Il suffit de visionner la moindre série américaine pour s'apercevoir qu'au moins sur les écrans le cunnilingus est devenu *le* signe de bonne santé du couple (et de bonne éducation du héros). Est-ce *too much* ? On ne se poserait pas la question si je parlais du pénis : la réponse est donc non.

Quoi qu'il en soit, pour ignorer l'existence du clitoris aujourd'hui, il faut se donner beaucoup de mal. C'est une immense réussite. Je veux croire qu'elle sera durable.

Les sextoys sont entrés dans nos tiroirs et c'est une révolution. La machine peut produire des sensations dont aucun humain n'est capable : peut-être est-ce une blessure narcissique (de plus), mais en attendant nous disposons désormais de technologies sexuelles efficaces. J'entends souvent mes aînés dire que les sextoys sont tristes : pas pour moi. J'ai grandi avec la science-fiction et l'utopie cyborg chevillée au corps : je sais investir émotionnellement et corporellement une machine. En digital presque native, je suis hybride. La chair contre le fer, quel ennui – et quel manque d'imagination.

Vibrations, succions, pulsations, mais aussi l'éventail des accessoires non motorisés et le développement d'huiles et de lubrifiants incroyables ont complètement changé la donne.

Et pas seulement quand on est en solo. L'homme du passé avait peut-être du mal à faire tourner le lave-linge, mais l'homme moderne sait clairement appuyer sur les boutons d'un Womanizer.

Internet est entré dans notre main et c'est une révolution. Ceux qui aiment les pieds, les collants, les menottes, celles qui aiment les vieux chauves, les petits jeunes, les profs de gym, ceux qui bandent mou, celles qui ne jouissent pas, ceux qui font l'amour aux arbres, celles qui fantasment dans le métro aux heures de pointe, bref, l'immense foule des ex-solitaires du sexe peut enfin se parler, se trouver, s'échanger des conseils, s'inspirer en pollinisations croisées. Nous étions seuls et limités par nos échanges *in real life*, ou condamnés à la communication unilatérale des médias, des petites annonces, des fanzines, désormais nous sommes anonymes et plongés dans le même grand bain du sexe. Nous y découvrons quantité de sœurs, de frères et d'adelphes. C'est une bonne chose.

Les applis de rencontre sont entrées dans nos smartphones et c'est une révolution, en particulier pour les femmes. Comme l'a démontré la chercheuse Marie Bergström, les applis ont permis une « privatisation de la rencontre » qui autorise les femmes à coucher avec qui elles veulent, tout en s'extrayant du jugement social porté par les collègues, les amis, la famille, les voisins. Il faut dire qu'encore aujourd'hui une « réputation » est vite acquise. Elle poursuit les femmes durant leur vie entière. À ce titre, aussi frustrants soient les « supermarchés de la rencontre », il convient de reconnaître qu'ils sont devenus un espace où une femme peut faire ce qui lui plaît, sans rendre de comptes à personne. Les permissions induites par les applis, ainsi que les garde-fous qui y sont de plus en plus fréquemment associés – blocage automatique des *dick pics* (photos de sexe masculin en érection), géolocalisation par une personne de confiance pendant un rendez-vous, système d'alarme – sont désormais une condition non négligeable de l'aventure et de l'expérimentation érotiques.

Puisqu'on parle des espaces de liberté : le mouvement sex-positif est entré dans nos fêtes, et c'est une révolution. Il passe par des lieux dédiés (physiques ou numériques), par des boîtes à outils (des jeux, des ateliers, des facilitateurs et facilitatrices d'intimité), et bien sûr par une meilleure communication entre les partenaires (en revanche, désolée, on ne se fait toujours pas signer de contrat par avocats interposés).

L'arsenal sexpositif permet de rendre explicite ce qui était implicite : où en est-on des MST-IST, où en est-on de nos éventuels contrats de couple ou de constellation polyamoureuse, qu'est-ce qu'on désire, à quel endroit, combien de temps, avec quelle pression ? Est-ce qu'on aime, est-ce qu'on continue, est-ce qu'on change d'avis, est-ce qu'on consent ponctuellement, est-ce qu'on consent pour une nuit tout entière ?

Malgré la levée de certains boucliers dès lors qu'on ferait tomber les « mystères » de la sexualité, cette verbalisation constitue une excellente nouvelle. Par ailleurs, si poser quelques questions suffit à éclaircir tous les mystères de vos partenaires, c'est soit que ces partenaires sont extraordinairement superficiels, soit que vos questions sont extraordinairement plates (c'est probablement la deuxième option).

Le mouvement queer est entré dans nos vies et c'est une révolution. Si les premiers mouvements, comme la création en 1971 du Front homosexuel d'action révolutionnaire (FAHR), datent effectivement des Trente Glorieuses, c'est seulement plus tard, en 1982, qu'aboutira la décriminalisation de l'homosexualité. Depuis, malgré l'hostilité affichée des conservateurs, les gays et lesbiennes sont devenus les LGBT, puis les LGBTQ, puis les LGBTQUIA+, et vogue le navire (si vous avez du mal avec les acronymes, vous pouvez dire tout simplement « queer »).

Malgré le côté « club privé » de cette accumulation de communautés, la porte du queer est grande ouverte. Le trouble dans le genre porté par les milieux alternatifs est éminemment transposable aux couples hétéros, y compris monogames. Transformer son épouse en domina, c'est queer. Préférer son mari emballé dans du plastique alimentaire, c'est encore plus queer.

Nos doigts sont entrés dans le corps des hommes pour caresser leur prostate, et c'est une révolution. J'ignore pendant combien de temps encore la majorité des mâles refusera de s'accorder un plaisir aussi facilement accessible, mais pour l'instant, le quart d'hétéros (hommes) concernés par le plaisir anal se porte à merveille – de même que le marché du *pegging*, qui consiste à se munir d'un harnais ou d'une prothèse pour pénétrer un homme. La popularisation lente mais réelle de ces pratiques acte un recul certain de l'homophobie. Oui, on peut être un « vrai mec » (quoi que cela signifie) et vouer un culte au plaisir prostatique. Ce n'est pas le signe de la fin d'une civilisation, ni même d'un bousculement des plaques tectoniques de la moralité : c'est juste le corps masculin qui est branché de cette manière (la prostate joue un rôle dans l'éjaculation – chez les réacs comme chez les queers).

Le sida est entré dans nos vies. C'est un drame. Mais le préservatif est entré dans nos vies et c'est une révolution – si son emploi vous semble insurmontable, je vous recommande d'apprendre à mieux vous en servir (les tutoriels en ligne ne manquent pas).

Quoi qu'il en soit, la prudence entraînée par l'épidémie a permis à ma génération de s'approprier des pratiques non pénétratives, en développant par exemple les caresses, les masturbations mutuelles, ou les mots doux murmurés à l'oreille.

Rappelons également que les traitements actuels (préventifs et curatifs) sont en passe de faire tomber les dernières barrières qui pouvaient s'ériger entre séropositifs et séronégatifs. Une charge virale indétectable permet notamment de ne plus transmettre le virus, ce qui signifie que le sida n'est plus automatiquement synonyme de capote.

La pornographie est entrée dans la tête des plus jeunes et c'est une révolution : les enfants et adolescents découvrent la sexualité par l'image avant de l'expérimenter dans leur corps. Il est impossible de prévoir les conséquences de ce retournement de situation, d'autant que les images en question sont le plus souvent violentes et dégradantes pour les femmes. Le débat « catharsis *versus* incitation » n'étant pas près d'être réglé par la communauté scientifique, j'ai le regret de vous annoncer qu'on nage en eaux profondes. En attendant de connaître les résultats de cette expérimentation à grands risques, j'ai du mal à considérer comme une bonne nouvelle le fait que, dans l'omelette pornographique du troisième millénaire, le rôle des œufs soit tenu par le cerveau des plus vulnérables.

La fréquence sexuelle décroît et c'est une surprise. La date du point de bascule laisse entrevoir le scénario d'une sexualité progressivement grignotée par la concurrence des smartphones. On peut aussi imaginer que la nouvelle vague féministe a fait reculer le nombre des rapports non désirés, ce qui ferait chuter la moyenne globale – mais pour d'excellentes raisons. Comme dans le cas de la pornographie : il est trop tôt pour dresser un bilan, et je laisse aux futures générations le soin de juger la mienne.

Le capitalisme et la globalisation étaient déjà entrés dans nos sexualités, et continuent leur œuvre de « mise en commun » et de monétisation des codes érotiques à l'échelle mondiale. Cela signifie que la sexualité, qui constitue déjà un enjeu géopolitique (on s'en est rendu compte lors des viols de Cologne en 2016) et un *soft power* (dominé auparavant par les États-Unis, et aujourd'hui par le Japon), devrait continuer à prendre de l'ampleur culturelle. Cela pourrait produire des effets bénéfiques, avec la création d'une *lingua franca* érotique mondiale. Mais on n'est jamais bien loin de la dystopie, avec l'effacement progressif des spécificités régionales et des pratiques non rentables.

Quoi que l'avenir nous réserve (et je ne dispose d'aucune boule de cristal), la sexualité n'est pas arrivée au bout de son histoire. Encore heureux.

Il reste mille libertés à conquérir, mille sensations à expérimenter, mille dignités à renégocier.

J'estime, tout de même, que les générations X, Y et Z peuvent se prévaloir, en matière de pratiques sexuelles, d'un bilan bien plus convaincant que la génération « jouir sans entraves ».

Non que je sois là pour clouer le cercueil, bien entendu.

Nous n'aurions rien pu accomplir sans révolution de la contraception, c'est certain.

Nous n'aurions pas pu avancer sans révolution de la publicisation, sans aucun doute.

Et que dire de nos mères et nos pères féministes ? À celles-et-ceux-là, nous devons tant.

La révolution sexuelle des Trente Glorieuses n'a pas eu lieu, mais les baby-boomers ont posé les jalons cruciaux des révolutions qui ont suivi – y compris via leurs erreurs. Il n'est question ni d'ingratitude, ni de censure, ni de table rase.

Par ailleurs, j'ignore si les récents progrès en matière sexuelle suffisent eux-mêmes à qualifier une révolution. Personnellement, je pense que oui, mais l'Histoire tranchera. En attendant, le fourmillement de la sexualité contemporaine est beau, joyeux, hédoniste, jouissif, jusque dans ses tâtonnements et ses conflits. Je suis fière de notre empathie, de notre souci de l'autre.

À ce titre, pour rien au monde (pour rien, vraiment) je n'échangerais mon présent contre l'âge d'or de mes parents. Et si la question du slogan venait à être abordée, je propose : « jouir sans esclaves ».

« Levons-nous, femmes esclaves »

MICHELLE PERROT

« Libération des femmes, année zéro », titrait à l'initiative d'une militante du MLF, Anne Zelinsky, un numéro de *Partisans* (juillet-octobre 1968), constat amer d'un non-événement, vibrant appel à une ère nouvelle qui visiblement n'avait pas encore commencé. En pleine contradiction avec l'imaginaire habituel, chamarré et frémissant, des Trente Glorieuses, auxquelles on attribue à tort une libération qui ne s'amorce qu'à leur déclin, dans la foulée de 1968. Dans cette brèche, le mouvement d'émancipation des femmes s'était engouffré, selon un processus classique du féminisme, infiltré dans les failles du pouvoir.

Les Trente Glorieuses n'avaient guère ébranlé le sombre tableau de la condition féminine qu'avait donné en 1949 Simone de Beauvoir dans *Le Deuxième Sexe*. Son appel à un nouveau « devenir femme », affranchi du carcan du mariage et de la maternité, par le travail et une sexualité choisie, entendu par bien des femmes (dont je fus) et ferment des révoltes futures, n'avait guère été suivi d'effets immédiats. Les femmes avaient engendré beaucoup d'enfants dans le cadre du baby-boom et elles avaient beaucoup travaillé, contribuant largement à la croissance, surtout dans le tertiaire en plein essor. Dans un monde devenu un dédale de bureaux, la dactylo et la secrétaire, l'infirmière, incarnaient la silhouette accorte de la femme nouvelle. Cela supposait des études un peu plus longues, un niveau de formation plus élevé, le primaire supérieur, le brevet, voire le secondaire des lycées où elles s'affirmaient « bonnes élèves », passant le « bac » qui, depuis 1924, leur ouvrait enfin à égalité les portes de l'Université. Dans les années 1960, les étudiantes formaient près du tiers des effectifs, du moins en lettres, les sciences demeurant très masculines. La croissance du taux d'activité des femmes est un des faits marquants de cette époque, facteur déterminant de l'expansion et de l'enrichissement général. La prospérité des Trente Glorieuses doit beaucoup à la mise au travail des femmes qui y ont trouvé, malgré le cumul des tâches, un certain accès à la liberté.

Pourtant, leur statut de travailleuse était loin d'être pleinement reconnu. Complémentaires, elles étaient toujours un peu en marge. Leur salaire, inférieur à celui des hommes pour le même travail (de 12 % en 1960), restait un « salaire d'appoint ». C'est seulement en 1965 que les femmes ont le droit de travailler sans l'autorisation de leur mari (ce qu'elles faisaient souvent mais sans en avoir expressément le droit), en 1972 qu'une loi instaure l'égalité salariale : « à travail égal, salaire égal », en 1975 qu'une autre loi condamne toute discrimination sexuelle à l'embauche. Ce droit féminin du travail, survenu de manière caractéristique en fin de période, entérine un changement de position dans une société de plus en plus mixte, non sans réticence, redoutant une confusion des sexes estimée dangereuse.

En effet, le modèle dominant de cette après-seconde guerre demeure celui de la famille patriarcale et d'une division traditionnelle des rôles sexués. On ne parle pas alors de « domination masculine », mais de complémentarité. Dans un couple stable (le divorce réprouvé était considéré comme un drame), la mère au foyer reste l'idéal pour une natalité voulue, protégée (congé de maternité obligatoire), encouragée comme un devoir national, subventionnée par les allocations familiales (à partir du deuxième enfant) et célébrée (fête des Mères instaurée en 1950). Le baby-boom rive les femmes au berceau et à la cuisine. La ménagère est l'instrument et la cible de la société de consommation ; elle pousse son Caddie bourré de produits dans les rangs du supermarché. Dans les milieux bourgeois, la « femme qui travaille » fait encore figure d'excentrique que les garçons hésitent à demander en mariage. L'enfant unique, héritage suspect de l'égoïsme des familles d'avant-guerre, est déploré et la stérilité, toujours attribuée aux femmes, est redoutée.

Le succès des femmes des Trente glorieuses réside dans la construction d'un nouveau modèle associant maternité et travail, intérieur et extérieur. Un modèle de femme hyperactive, sportive, cheveux courts ou noués en chignon, moulée dans l'élégance stricte du tailleur Chanel. La *superwoman* transcende les codes en les démentant. Elle fait oublier sa réussite pour ne pas faire d'ombre à ses compagnons. Elle s'interroge sur sa légitimité. Elle n'oublie pas qu'elle est aussi la prêtresse du bonheur. Ce modèle, combinant taux d'activité et de fécondité élevés, fut longtemps le propre des Françaises en Europe. Aujourd'hui en recul, il demeure pour certains la nostalgie de jours anciens.

Mais à quel prix ? Par quels refoulements, par quels renoncements ? Par quelle acceptation, par quels silences ? Ce temps n'est pas encore celui de la parole des femmes, mais d'une inégalité persistante que décrit Andrée Michel dans *La Condition de la Française d'aujourd'hui* (1964). Le code civil, « l'infâme code civil » comme disait George Sand, à peine amendé en 1938 (suppression de l'incapacité juridique de la femme mariée et de l'autorité maritale sur l'épouse) subsiste largement. La célibataire jouit à peu près de l'égalité, mais la femme mariée demeure seconde, subordonnée, soumise à l'autorité du chef de famille. Dans le cas de communauté des biens, elle ne gère rien. Par le mariage, la femme doit obéissance à son mari qui s'engage à la protéger. Mais c'est lui qui décide de tout.

Par ailleurs, la sphère privée est largement soustraite au Droit. « La vie privée doit être murée. Nul ne doit chercher à savoir ce qui se passe dans la maison d'un particulier », disait le vieux dictionnaire *Littré*. Au nom de la liberté, on protège la domination des forts, le pouvoir des hommes sur les enfants et sur les femmes. Les violences conjugales sont largement tolérées. Le féminicide est inconnu, du moins sans nom. Le consentement est l'ordinaire des épouses. Mais elles aspirent à autre chose. Nombre de leurs partenaires aussi. Car, en pleine rupture avec ce modèle suranné, le couple égalitaire et amoureux est un idéal des Trente Glorieuses, partagé par de jeunes progressistes de plus en plus nombreux.

La politique demeure le domaine des hommes. Les femmes ont enfin obtenu le droit de vote en 1944. Elles votent pour eux. Portées par la Résistance, elles sont un peu plus de 6 % à l'Assemblée nationale en 1945. Mais ce pourcentage retombe assez vite dans les législatures suivantes pour dépasser à peine 1 %. Elles ne participent pratiquement pas à l'exécutif. Quand on avait demandé à de Gaulle s'il prendrait des ministres femmes, il s'était esclaffé : « Pourquoi pas un ministère du tricot ? » En nommant Françoise Giroud et Simone Veil, Valéry Giscard d'Estaing innove. Cela permettra à la dernière de présenter le projet de loi autorisant l'IVG, s'excusant de le faire « devant une assemblée presque exclusivement composée d'hommes ». Mais, en 1974, les temps avaient changé : les Trente Glorieuses justement s'achevaient.

Féminisme en sourdine

Or, et c'est important de le remarquer, c'est à ce moment-là que s'affirme avec éclat le mouvement de libération des femmes. Les Trente Glorieuses avaient mis le féminisme en veilleuse, mouvement « petit-bourgeois », dira Pierre Bourdieu, sourd à l'essentiel, le social. Les femmes avançaient résolument dans les études, le travail, les professions. Les pionnières franchissaient, dans l'ombre des bibliothèques et des concours, une à une les frontières imposées des savoirs et des qualifications, accédaient aux grandes écoles, à Polytechnique, à l'ENA, s'affirmaient dans des domaines nouveaux, encore peu estimés, et que, pour cette raison, on leur laissait, telle l'informatique naissante. Avocates depuis la fin du XIXe siècle, entrées dans la magistrature depuis 1950, elles amorçaient la féminisation de ces professions aujourd'hui largement réalisée. De même en médecine. En 1961, elles détenaient 19 % des doctorats.

Mais il s'agissait de la conquête personnelle d'« héritières » actives. Les femmes affirmaient leur individualité, souvent avec l'aide d'hommes, père, mari, professeurs, solidaires, résignés, convaincus ou complices, dont l'appui était indispensable puisqu'ils détenaient le pouvoir. Elles le faisaient rarement collectivement, craignant justement d'être taxées de « féministes », qualificatif peu à l'honneur à cette époque. On se défendait parfois de l'être, y compris Simone de Beauvoir, pourtant si hardie dans sa conduite. On voulait rester « féminine », c'est-à-dire désirable, aimée. Les magazines féminins s'employaient à développer cette séduction qui passait par les menues tactiques de corps asservis à la mode et au regard masculin, largement dominant, hégémonique dans la littérature, les arts, le cinéma, le journalisme, la pensée surtout. Vaincre cette suprématie nécessitait conscience, volonté, savoir, audace et chance. Les femmes des Trente Glorieuses n'en manquaient pas. Mais elles avaient tant à faire que le collectif n'était pas leur priorité. D'autant plus qu'elles subordonnaient la cause des femmes au social, horizon de l'époque, s'engageaient au besoin (assez peu) dans les partis et les syndicats pour lesquels les droits des femmes étaient seconds. Simone Weil se bat pour la condition ouvrière, pour les révoltés espagnols, pas spécialement pour les femmes. Les guerres coloniales – Vietnam et surtout Algérie – imposaient leurs urgences et leurs atrocités. Djamila Boupacha, violée par les soldats français, défendue par Gisèle Halimi et Simone de Beauvoir, en est une figure doublement exemplaire.

On voit cependant ressurgir, voire émerger, des formes d'action collective. D'abord pour la contraception dont il faut rappeler qu'elle était interdite au même titre que l'avortement (lois de 1920 et 1923), l'un et l'autre « crimes » contre la sacro-sainte natalité dont Andrée Michel dénonce les excès et les dégâts sur les femmes et les enfants eux-mêmes. Mais sous l'angle du corps et de ses droits, les Trente Glorieuses sont timides, voire puritaines. L'hétérosexualité demeure la norme et l'homosexualité, un tabou. Les mots du sexe font encore peur. Le contraste entre les impératifs de la croissance et la surrection du désir, sous toutes ses formes, explose en Mai 1968, dont on n'oubliera pas qu'il démarre par une histoire de libre accès aux dortoirs des filles à Nanterre ! Tout un symbole.

1968 est assurément mixte, mais dans l'ordre des sexes. Les filles sont présentes partout, mais ordinairement silencieuses. En effigie sur les épaules de leurs copains, nouvelles Mariannes, plus qu'actrices reconnues. Sur le Lion de Belfort, la bande des quatre – Cohn-Bendit, Krivine, Geismar, Sauvageot – affiche sa juvénile virilité. Mais les filles en ont assez d'assurer le secrétariat et de « faire le café ». Elles se révoltent et c'est l'origine du MLF, version française du Women's Lib, qui s'affirme partout dans le monde. Les droits du corps sont au centre de ce mouvement. « Notre corps, nous-mêmes », disent-elles. « Un enfant, si je veux, quand je veux, comme je veux. » Après la contraception, il faut conquérir le droit à l'avortement, mortifère (entre 800 000 et un million de victimes par an, selon le docteur Sutter) et socialement inégal. Il est au cœur du procès de Bobigny (1972), brillamment plaidé et gagné par Gisèle Halimi, appuyée par des scientifiques de renom, le Manifeste des 343 « salopes » du *Nouvel Observateur* et les milliers de manifestantes qui dansent et chantent dans les rues de la capitale. Car cette revendication est populaire et dépasse le cercle habituel des féministes dites « bourgeoises ». Défendue par Simone Veil, charismatique ministre de la Santé, la loi reconnaissant le droit à l'avortement (avec encore des restrictions, ultérieurement supprimées) est votée par une assemblée masculine en décembre 1974. Elle est aujourd'hui constitutionnalisée.

« Révolution copernicienne », dira Françoise Héritier, qui en mesure les conséquences anthropologiques : pour l'enfant, désiré et non plus subi, pour la famille, plus aisément décomposée et recomposée, pour les rapports de sexes, surtout pour les femmes, devenues maîtresses de la conception, et à terme de leur sexualité.

Car il reste bien des frontières à franchir pour réaliser une égalité toujours à venir, une liberté toujours à construire. Une liberté payée souvent au prix d'une solitude et d'une pauvreté accrues, dans des familles monoparentales qui cumulent effets sociaux et effets de genre, et dont elles assument très majoritairement, à 80 %, la responsabilité. Le coût de la liberté est élevé. C'est un des problèmes actuels d'une vie privée complètement remodelée.

Nouveau récit, nouvelles questions

Mon évocation des Trente Glorieuses s'achève sur ce constat balancé, qui nuance son bilan ordinairement flamboyant. Quels enseignements peut-on en tirer pour la lecture du présent ? D'abord quelques remarques sur leur récit, fait généralement sous l'angle économique et politique. Au temps de Fourastié, l'histoire des femmes était peu pratiquée. Pas plus d'ailleurs que celle de la sexualité, et plus largement du corps, auxquelles introduisaient les statistiques démographiques. Produit du mouvement des femmes et d'une « nouvelle histoire » beaucoup plus soucieuse de littérature et du rapport à soi, elle naît dans les années 1970-1980 et contribue à changer les perspectives. Poser des questions nouvelles, c'est voir le passé autrement, exhumer des sources et des faits nouveaux. Lire les Trente Glorieuses à cette aune nous éclaire sur elles autant que sur nous. Leurs obscurités deviennent nos évidences, leurs silences suscitent notre parole et nourrissent notre réflexion.

Prenons un exemple : celui de l'abbé Pierre, héroïque figure des Glorieuses, se battant contre la pauvreté et notamment le mal-logement dont il avait presque réussi à faire une cause nationale. La générosité véhémente de l'homme à la cape et au béret, fondateur d'Emmaüs, sa barbe de grand-père étaient populaires. On découvre aujourd'hui, avec une stupeur peut-être naïve, ses agressions sur ses auxiliaires, femmes, voire enfants, une sexualité débridée en partie liée à la chasteté imposée aux prêtres ; faits connus de son entourage, de l'Église elle-même, et dont la non-dénonciation pose maintenant problème. Est-il seulement « un grand pécheur », comme le disait récemment le pape François, bien traditionnel sur ce point ? Pourquoi ce silence ? De quelles complicités ou cécités est-il le résultat ?

Un tel « fait divers » pose la double question des valeurs d'une époque et des nôtres. Ce qui ne comptait pas, ce dont du moins on ne parlait pas, est devenu pour nous essentiel. L'envers des choses nous hante. Nous partageons « la volonté de savoir » le sexe dont Michel Foucault fut l'historien pionnier. À sa suite, nous saisissons comment ce qu'il appelait des « ruptures d'évidence », à savoir des faits méconnus, mé-dits, insoupçonnés même, deviennent l'ordinaire de notre horizon, s'imposant à nous, troublés rétrospectivement de notre aveuglement. Aveuglement sexuel, mais aussi politique et idéologique. Les Trente Glorieuses seraient-elles l'âge des illusions ? Oui, d'une certaine manière. Mais de quelles illusions sommes-nous aujourd'hui victimes ?

L'aveuglement est toujours rétrospectif. Comment avons-nous pu ne pas voir ? Ne pas voir le harcèlement, dénoncé avec force par MeToo ? L'inceste, révélé par des victimes et auteures talentueuses (Christine Angot, Neige Sinno, Camille Kouchner) ? Le viol, objet de la plainte nécessairement tardive de tant de femmes ? La violence sexuelle de la société nous obsède désormais, au point que nous parlons de « culture du viol ». Le procès de Mazan qui s'est tenu à l'automne dernier, en constitue un paroxysme saisissant, inouï. Durant dix ans, Dominique Pelicot, honnête père de famille, a livré son épouse Gisèle, droguée et endormie, à des hommes invités à en jouir, et à la violer. Peu ont refusé. Une cinquantaine, aujourd'hui traduits en justice, s'étonnent quasiment d'avoir été induits en erreur, alléguant l'acceptation supposée de la femme, son consentement. Comme s'il était naturel d'user d'un corps de femme visiblement inconsciente et par conséquent maniable comme une poupée. L'idéal, en somme. On pourrait parler de la banalité du viol. Gisèle Pelicot, en demandant la publicité du procès, retourne la situation. Elle efface les frontières de l'oppression intime. Témoin héroïque, elle en a révélé la violence et s'est fait la porte-voix de toutes les femmes dont la solidarité s'est exprimée dans les manifestations du 14 septembre 2024.

Un tel procès était difficilement concevable au temps des Trente Glorieuses et de leur virilité triomphante. Elles ignoraient également les transgenres. Herculine Barbin, première figure intersexe française au XIXe siècle dont Michel Foucault avait révélé la douloureuse histoire, était un cas dramatique, déplorable, mais marginal et somme toute exceptionnel. C'est aujourd'hui une situation relativement courante que l'art, au cinéma (*Emilia Pérez* de Jacques Audiard) ou dans les romans (Nancy Huston, *Francia*), met en scène et qui irrigue notre quotidien. Liberté reconnue, le désir de changement de sexe (le plus souvent du masculin vers le féminin) s'affirme de plus en plus fréquemment dans nos entourages, posant la redoutable question de l'âge « normal » de choix irréversibles. Une nouvelle sexualité existe et il faut la nommer. Entérinant cette réalité, les Anglais ont créé une nouvelle catégorie grammaticale ; nous le ferons à notre tour. La nomination est le sceau de l'existence. La féminisation de la langue n'était pas un problème des Trente Glorieuses, indifférentes sur ce point, voire respectueuses des normes de l'Académie. Féminisation revendiquée depuis longtemps par Hubertine Auclert, militante de 1900, et dont Éliane Viennot est aujourd'hui l'interprète déterminée.

La frontière du public et du privé s'est singulièrement déplacée. La vie privée n'est plus la forteresse inexpugnable que définissait Littré. La plainte en justice des victimes, formulée et acceptée, a ouvert les portes des maisons fermées et dissipé de lourds secrets. Les procès ont révélé que la famille patriarcale était la première instance des violences sur les enfants et les femmes. Dans les années 1970, le GIP (Groupe d'information sur les prisons) de Michel Foucault dénonçait l'« Intolérable » des prisons ; on dénonce aujourd'hui l'intolérable familial. Les féministes, appuyées sur la loi, auxiliaire de la démocratie, ont lentement, mais progressivement, changé le Droit. C'est une révolution juridique dont il faut protéger les acquis et interroger les possibles excès. Le privé est politique, disait le MLF. C'est vrai dans une large mesure. Ce qui ne doit pas empêcher un nécessaire droit au secret. Jusqu'où peut et doit aller la révélation de l'intime est un problème du présent.

Les acquis des femmes sont fragiles. La moindre crise les remet en question : Simone de Beauvoir l'avait discerné depuis longtemps. Le *backlash* est toujours possible. Un désir de retour à l'ordre, c'est-à-dire à l'ordre traditionnel et viril des sexes, traverse nos sociétés. L'exemple américain est frappant. La précédente élection de Donald Trump fut « la revanche de l'homme blanc » : sur les races, les étrangers, les femmes qu'il prétendait tenir par leur sexe. Les républicains ont supprimé le droit à l'avortement dans les États où ils l'emportent et ils ambitionnent de le faire partout. Cela a été un des enjeux de l'élection présidentielle de novembre. Kamala Harris en a fait avec succès un thème central de sa campagne. Son élection serait un soulagement et une victoire pour les femmes, pour toutes les femmes, étant donné l'importance du modèle américain. Une femme, première présidente des États-Unis, serait un signe et une conquête. Un événement sans précédent. Une Glorieuse !

Non que les femmes soient nécessairement progressistes. Il convient de ne pas se faire d'illusions à ce sujet, comme le montrent l'exemple italien de Giorgia Meloni et l'extrême droite française. Marine Le Pen a du reste compris l'importance du droit à l'interruption volontaire de grossesse ou du mariage pour tous, qu'elle ne remettrait pas forcément en cause ; son opportunisme illustre d'ailleurs les changements de l'opinion en ces matières. Mais que ferait-elle au pouvoir, étant donné sa clientèle et ses supporters ? Mieux vaut ne pas courir le risque ! Il faut de toute manière se défier d'un mythe féminin du pouvoir des femmes. Si les femmes peuvent apporter quelque chose à la démocratie, c'est par leur expérience quotidienne et historique, non par leur nature. La revendication de la parité s'inscrit dans la lutte pour l'égalité.

Une parité qui est loin d'être réalisée, tant dans les domaines économique et politique que dans celui du savoir et de la création, où les femmes sont si souvent invisibilisées. Les sciences dites « dures », mathématiques et physique par exemple, leur échappent encore, non par un défaut d'aptitudes, une moindre faculté d'abstraction, toujours invoquée, que par une éducation genrée qui destine les garçons aux sciences et les filles aux lettres. Une grande partie d'entre elles finit par le croire et y renoncer. Les recruteurs déplorent le déficit de candidates.

Ce sont les représentations qu'il faut changer. Concevoir un nouvel imaginaire des sexes. Une nouvelle manière d'être une femme ou un homme, ou les deux, un troisième sexe en somme. Une autre façon de vivre ensemble, de fonder ou pas une famille, d'avoir ou pas des enfants, d'habiter le monde.

Les changements d'une société se trament dans l'ombre, en sourdine, et se révèlent après. Nous ignorons les problèmes inconnus, les catégories absentes qui émergeront demain. Quels ressentiments, quels désirs, quels rêves existent sous le vernis chatoyant de l'actualité ? Nous n'en savons pas grand-chose en dépit des sondages d'opinion prisonniers de l'immédiateté. Nous serons sans doute surpris, peut-être pris au dépourvu. L'Histoire n'est pas une science prédictive ; elle a déjà bien du mal à comprendre le passé.

Le temps des féminismes

En sourdine durant les Trente Glorieuses, de manière éclatante dans les années 1970 avec le MLF, de façon plus « ministérielle » dans les années 1980-1990, le féminisme s'est affirmé par la diversité d'une action, intermittente et récurrente, sans laquelle rien n'aurait été possible. Mouvement, il est aussi pensée sur le monde, comme le montre le riche développement de la philosophie féministe, de Simone de Beauvoir à Judith Butler.

Les jeunes femmes d'aujourd'hui se déclarent plus aisément féministes que leurs aînées qu'elles jugent souvent timorées, remettant en cause résolument les frontières de genre et même de sexe. Que veulent-elles ? Que peuvent-elles ? Qu'en pensent les hommes ? Comment ces derniers vivent-ils cette remise en cause d'un ordre millénaire qui les a délivrés du carcan de la virilité sans leur donner nécessairement d'autres repères ? On sait si peu de l'histoire des hommes. La question de la différence des sexes, ce « combat anthropologique sans fin », s'inscrit au cœur de la société d'aujourd'hui.

MeToo a été un événement considérable à plusieurs égards, un « séisme » qui a largement dépassé les limites d'Hollywood, sa terre d'origine. Par sa revendication du droit à l'intime sexuel et amoureux. Par son ampleur liée aux réseaux sociaux dont les femmes ont su s'emparer. Par sa relation entre le personnel et le collectif, exprimée par sa belle devise : « Moi, Aussi ». *Moi* dans mon individualité, ma personne, mon histoire. *Aussi*, avec toutes les autres, mes semblables, mes alliées, mes consœurs, affrontées à d'identiques problèmes et décidées à prendre la parole, refuser la dépendance, protester, briser le silence complice. Éclatante affirmation du droit à la liberté sexuelle et amoureuse, si novateur par l'ampleur d'une prise de parole liée à l'intensité des réseaux sociaux dont les femmes ont su s'emparer, ce mouvement se situe dans cet héritage et le prolonge. Un enfant, si je veux. Le sexe, l'amour, si je veux. Les femmes ont le droit de dire non, celui de refuser une relation sexuelle imposée, et de choisir leur partenaire. Une liberté fondée sur la place qu'elles ont acquise dans et par le travail, clef d'un nouveau statut que la politique, la science ou les médias leur refusent encore. En deux mots, tout est dit. Surtout, cet événement a suscité une écoute exceptionnelle qui constitue son originalité et sa réussite. Car il ne suffit pas de parler, il faut être entendue. Certes, il y a longtemps que les femmes protestaient, agissaient, parlaient, mais souvent dans le désert de l'indifférence. Le féminisme est une longue histoire de paroles inabouties, non entendues étouffées par l'hostilité, la dérision, l'incompréhension. Cette fois, le sexisme paraît ébranlé, sinon vaincu, ce qui est tout autre chose, tant sont longs les chemins des égalités.

La société des Trente Glorieuses affrontée aux nécessités de la Reconstruction privilégiait la nation. La France était son horizon et les deux dernières guerres, son ancrage. De loin, elle paraît simple, plus qu'elle ne l'était.

On a changé de dimension. Dans le temps qui impose d'articuler les temporalités pour comprendre l'évolution sexuelle. Dans l'espace globalisé qui favorise les rencontres et les croisements. Dans l'univers dont on découvre la face cachée, les galaxies et les trous noirs, d'où nous venons et qui attendent notre Terre dans très longtemps.

Sortir de la Sainte Famille

Claire Alet

La famille de demain est en train de s'écrire sous nos yeux : union, séparation, PMA pour toutes les femmes, familles monoparentales ou recomposées – hétérosexuelles ou homosexuelles, couples *no kids*, entourage lié par des liens d'amitié… La photo de famille s'enrichit d'une diversité de situations, loin du modèle de l'unique famille nucléaire. Cette pluralité est de plus en plus retransmise par les productions culturelles qui participent à l'élaboration de représentations collectives de la famille contemporaine. Mais un imaginaire politique est encore à inventer, pour prendre le relais en accompagnant ces vies familiales mouvantes au gré de destins individuels plus libres.

« J'ai l'honneur de ne pas te demander ta main. Ne gravons pas nos noms au bas d'un parchemin… », chante Georges Brassens en 1966 dans son album « Supplique pour être enterré à la plage de Sète ». Ce morceau intitulé *La Non-Demande en mariage* écrit à l'adresse de sa compagne Joha Heiman avec qui il a été en couple pendant des années tout en vivant séparément, est une illustration par le chanteur anticlérical et libertaire d'un mouvement de société qui ne faisait qu'éclore : la remise en cause de l'union conjugale à vie consacrée par le mariage et de la fondation d'une famille comme unique horizon des destins personnels. L'image idéalisée de la femme au foyer des années 1950, seule face à ses fourneaux dans l'attente du retour de son mari *breadwinner*, commence à s'écorner. À la fin des Trente Glorieuses, le modèle de la famille patriarcale dans laquelle l'autorité de la puissance paternelle dominait en échange d'une prétendue protection des siens commence à vaciller sous l'influence des revendications féministes, du début de l'autonomie économique des femmes et de la montée des divorces. Un mouvement entériné par des avancées législatives : les femmes peuvent travailler sans l'autorisation de leur mari et détenir un compte en banque à partir de 1965, la notion de puissance paternelle qui attribuait l'exclusivité de l'autorité sur les enfants au père disparaît du code civil au profit de l'autorité parentale partagée en 1970, et le divorce par consentement mutuel est autorisé en 1975.

Le père (si l'on peut dire) de la sociologie de la famille, Émile Durkheim, avait déjà identifié un changement notoire dans l'identité des familles dès la fin du XIXe siècle. Dans le sillage des bouleversements de la vie privée en Occident, il avait eu l'intuition que la famille allait progressivement être centrée sur les relations interpersonnelles et non plus sur un patrimoine économique. Cette famille assise sur le choix et l'amour des conjoints dans un contexte d'urbanisation et d'industrialisation initiait l'ère de la « famille moderne » ou encore la « famille conjugale ». Plus tard, le sociologue contemporain de la famille, François de Singly, distingue deux périodes de cette « famille moderne ». La première court de 1918 à 1968 et repose sur un triptyque : l'amour dans le mariage, l'activité extérieure du mari qui pourvoit aux besoins économiques du ménage et l'attention portée aux enfants du couple. Ce modèle est soutenu par l'État-providence. En France, par exemple, une « allocation de salaire unique » est destinée aux femmes au foyer (elle sera supprimée en 1977).

La seconde, ou « famille moderne deux » pour reprendre les termes de François de Singly, apparaît à la fin des années 1960 alors que Brassens entonne sa non-demande en mariage, et se poursuit jusqu'aux années 2010-2020. Elle se caractérise par un renforcement de l'individualisation des identités au sein même des structures familiales. À son apparition, les familialistes nostalgiques du modèle des Trente Glorieuses critiquent un individualisme ravageur mû par l'égoïsme, le manque de solidarité familiale et l'absence de responsabilité, et crient à « la crise de la famille ». Irène Théry considère que ces mutations ont eu pour moteur majeur l'égalité des sexes ou du moins l'aspiration à cette égalité. La sociologue envisage l'égalité des sexes comme un changement des règles du jeu social ayant pour implication que le mariage, autrefois obligation sociale, devienne un enjeu de conscience personnelle. Se marier, oui, divorcer aussi. Loin de la « mort de la famille », comme l'avait annoncé David Cooper dans un ouvrage paru en 1972, la famille attire toujours au tournant du XXIe siècle, à condition que soit trouvé cet équilibre subtil entre parcours autonome de ses membres qui poursuivent des destins particuliers et soutien dans la vie commune. Pour François de Singly, la famille heureuse est moins l'objectif que le bonheur de chacun de ses membres, avec ses proches. Cette « famille moderne deux » est centrée sur les relations interpersonnelles et la qualité du lien.

Cette description pourrait paraître idyllique si le soin nécessaire à la qualité des rapports familiaux ne reposait pas quasi exclusivement sur les épaules des femmes. Sans compter toutes les familles défaillantes dans lesquelles leurs membres et en particulier les enfants n'ont pas trouvé la sollicitude à laquelle ils auraient eu légitimement droit. La philosophe Claire Marin souligne combien les femmes sont les garantes de la continuité des familles, des couples, des maisons. Ce sont elles qui « colmatent les brèches du réel ». Les « familles modernes deux » sont encore imprégnées du système de domination masculine qui distribue les rôles, diffuse la violence et génère des inégalités économiques liées à ce différentiel de temps consacré aux tâches familiales. Les femmes continuent à travailler gratuitement à la survie et à la cohésion de leur entourage.

Malgré ces manquements, la « famille moderne deux », en reposant sur les relations interpersonnelles, a pu s'ouvrir au fil des décennies à des compositions plus diverses en dépassant l'unique modèle de la famille patriarcale traditionnelle : les couples de même sexe peuvent se marier dans de nombreux pays et accéder à la parentalité, les femmes lesbiennes et les célibataires peuvent avoir recours à la procréation médicalement assistée (mais pas les personnes trans en France), les couples divorcent puis les personnes séparées forment parfois des familles recomposées… Bien évidemment, les courants conservateurs se sont opposés à ces évolutions : la Manif pour tous a montré qu'il existait en France de nombreux partisans d'une vision réactionnaire de la famille restreinte à « un papa, une maman et des enfants ». D'autres se satisfont probablement de la famille moderne deux, en particulier les hommes qui ne sont pas volontaires pour partager la charge mentale du *care*, que ce soient les tâches domestiques, le soin aux enfants, aux personnes âgés ou encore toutes les attentions invisibles qui permettent à une famille d'être vivante et de tenir bon.

Que sera la « famille moderne trois » en train d'émerger ? Quels pourraient être ses visages à l'avenir ? La famille n'est pas morte. Elle n'est pas non plus l'apanage des conservateurs. Elle peut être pensée au cœur d'un projet de société progressiste et féministe comme une structure essentielle, fluide dans sa recomposition et émancipatrice pour toutes et tous.

Des portraits de famille diversifiés

Si l'on considère la famille contemporaine par sa composition, d'un point de vue statistique, d'après l'Insee, 66 % des familles avec enfants sont en 2020 un couple, hétérosexuel ou de même sexe, marié ou non, qui vit « seulement » avec ses propres enfants. Un type de familles encore qualifiées de « traditionnelles » par l'institut qui prend tout juste la précaution d'encadrer ce terme de guillemets. La proportion de ces familles continue à diminuer progressivement au profit de l'augmentation de la part des familles monoparentales (25 % des familles, 21,5 % avec une femme à leur tête et 4,5 % avec un homme) et des familles recomposées (9 %). Je note que pour les statisticiens dont le rôle est de présenter une photographie de la société, le critère qui permet de qualifier une famille de « traditionnelle » est le fait que les enfants vivent avec leurs deux parents. La tradition repose par conséquent sur l'idée d'un seul et unique lit parental et exclut toute mobilité conjugale. La famille traditionnelle selon l'Insee est incarnée par le mythe « ils se marièrent (ou pas) et eurent des enfants ». La tradition est l'antimobilité.

Même si ces familles restent majoritaires d'un point de vue statistique, le changement majeur concernant la famille en France et dans l'ensemble des pays occidentaux depuis les Trente Glorieuses est la diversification des situations. Le nombre de séparations de couples avec enfants, qu'ils aient été mariés ou non, a été en augmentation constante. En conséquence, la proportion croissante des familles monoparentales – elles n'étaient que 9 % en 1968 – est un des marqueurs les plus importants de ces quatre dernières décennies. De même que l'émergence des familles recomposées, dont l'invention du terme pour les désigner ne date que des années 1980. Bien qu'elles existent depuis fort longtemps – dans la Bible, Jésus vivait lui-même en famille recomposée –, notamment via le remariage de veuves ou veufs avec enfants.

Cette diversification s'est intensifiée en France avec la loi autorisant le mariage pour toutes et tous de 2013 qui a redéfini la notion de couple en l'ouvrant à une conjugalité de même sexe. En allant plus loin, la procréation médicalement assistée (PMA) pour toutes les femmes, autorisée en 2021 (qui exclut cependant les personnes trans), a redéfini la filiation en permettant d'accéder à la maternité sans qu'il n'y ait de paternité. Ce qui, dans les faits, existait de longue date quand les pères ne reconnaissaient pas leur progéniture, avec cette différence fondamentale que la PMA permet aux femmes de choisir d'avoir un enfant seules et non de le subir. À présent, des familles sont formées d'un couple de même sexe en incluant des enfants nés de premières unions hétérosexuelles, d'autres avec des couples qui adoptent des enfants ou encore de couples de femmes ou des célibataires qui passent par la PMA.

Une famille peut aussi être constituée de deux adultes sans enfant. Pour certains, c'est un choix délibéré, notamment de la part de jeunes couples face à l'écoanxiété générée par le dérèglement climatique ou de la part de jeunes femmes qui refusent la maternité. Ces personnes *childfree* s'inscrivent en réalité dans une longue lignée historique de personnes renonçant à être parents, des premiers chrétiens qui estimaient la fin des temps proche aux jeunes filles du XIXe siècle ne pouvant assumer la charge d'un nouveau-né qu'elles confiaient dès la naissance à l'Assistance publique. Au XXIe siècle, l'absence de descendance est aussi pour certain·e·s imposée par l'infertilité qui touche un couple sur six dans les pays développés, selon l'Organisation mondiale de la santé.

Les portraits de famille s'enrichissent de toute une palette de possibilités. Cette diversité conjugale et familiale s'observe au niveau de la société mais aussi à l'échelle individuelle. Le statut familial n'est plus immuable et les individus circulent d'une situation à une autre au fil de leur parcours de vie. Elle se double aussi d'un élargissement du « cercle familial » à un entourage composé d'ami·e·s, de parrains et marraines pour les enfants, voire pour certain·e·s à des animaux de compagnie. La « famille moderne trois » telle qu'elle apparaît progressivement repose moins strictement sur le noyau du couple : elle tend à être « déconjugalisée ».

Tous ces éléments contribuent à brouiller l'image uniforme et figée de la famille dite nucléaire, qui concerne certes encore une forte part de personnes mais dont la proportion ne cesse de reculer. L'anthropologue Maurice Godelier relève une circulation des individus au gré de familles qui se forment, se séparent et se recomposent. « La famille est devenue très mobile. » On pourrait imaginer que la famille de demain soit encore davantage identifiée par le lien entre ses membres. Pourquoi le sang et l'amour (supposé) seraient-ils les seuls contours de la famille ? L'amitié durable pourrait être incluse dans l'acceptation de la famille. « Il était une fois des gens qui vivaient ensemble, la plupart du temps… » pourrait être le début du nouveau récit familial.

Qu'en est-il des représentations de ces « familles modernes trois » en émergence ? La multiplicité des situations familiales que l'on constate dans le réel apparaît-elle dans les productions culturelles, la littérature, le cinéma, la publicité, les séries, etc. ? Un premier état des lieux simple à établir consiste à entrer le terme « famille » dans un moteur de recherche sur Internet : les images qui apparaissent sont exclusivement celles de parents hétérosexuels, blancs ou de couleur, avec deux enfants, plus rarement trois, éventuellement accompagnés de la génération des grands-parents. Cette recherche témoigne du décalage entre les images consacrées à la famille et les faits sociaux.

Du côté du cinéma, il existe certes des productions qui montrent des familles non nucléaires. Les comédies américaines sont riches d'exemples : des précoces *Tootsie* (1982) et *Madame Doubtfire* (1993) à *Boyhood* (2014) en passant par la série *Modern Family* (2010). Les comédies françaises ont suivi le mouvement avec par exemple *Papa ou maman* (2015), *C'est quoi cette famille ?* (2016) ou encore *Toni en famille* (2023) qui racontent des histoires de divorce et de familles recomposées et ont rencontré un succès notable en salle. Mais rares sont les films ou les romans dont l'énigme centrale ne soit pas une histoire de famille, et qui pourtant mettent en scène des personnages qui vivent dans des contextes de familles séparées ou recomposées. Le statut commun du héros/héroïne est le célibat ou la famille nucléaire. Comme si les autres situations n'étaient pas encore entrées dans la *back story* des scénarios de cinéma, alors même qu'elles existent et se multiplient dans la société. Pour la « famille moderne trois », le réel précède l'imaginaire.

Or les représentations ont leur importance : sans images partagées, c'est l'invisibilisation qui l'emporte, laissant la place à la « tradition » et aux idées reçues. Il en est ainsi des caricatures des familles monoparentales au gré de l'actualité sociale : la sociologue Marie-Clémence Le Pape a montré que les familles monoparentales avaient été successivement incarnées en France par l'image de la « mère courage » méritante lors de la mobilisation des Gilets jaunes puis par celle de la « mère dépassée » lors des émeutes de juin 2023 suite à la mort du jeune Nahuel. Des stigmates dont ont été longtemps victimes les personnes divorcées dans les années qui ont suivi l'autorisation du divorce par consentement mutuel dans les années 1980 et 1990.

Un nouvel imaginaire politique

Le vécu des familles a besoin de s'incarner dans un imaginaire culturel. Il a également besoin d'être soutenu et accompagné par un imaginaire politique, c'est-à-dire une vision de la société portée par les acteurs politiques et sociaux qui s'incarne dans des symboles, des projets et des politiques publiques. Il s'agit de développer un imaginaire politique de la famille qui ne s'arrête plus au modèle de la famille traditionnelle au sens de l'Insee : un couple de parents et leurs seuls enfants. Et de proposer une vision en phase avec les nouvelles configurations et la mobilité croissante des familles. La famille est une des institutions de la société, mais toutes les formes familiales ne sont pas institutionnalisées au même degré. Elles ne reçoivent pas le même traitement à travers les règles de transferts sociaux, de fiscalité ou encore de cadre juridique. Il est là, le creuset dans lequel doit se développer le nouvel imaginaire politique de la famille, dans l'institutionnalisation de toutes les nouvelles configurations familiales.

Par exemple, les familles monoparentales ne disposent pas de statut juridique en tant que tel et le soutien de l'État à leur égard est encore lacunaire. Pourtant, les familles monoparentales sont bien plus touchées par la pauvreté que la moyenne de la population : leur taux de pauvreté monétaire atteignait 33 % en 2019 alors qu'il est de 14,6 % dans l'ensemble de la population. Une mesure simple à mettre en œuvre serait d'allouer les allocations familiales dès le premier enfant. En France, ces allocations reposent encore sur une conception nataliste : elles ne sont versées qu'à partir du deuxième enfant, alors que la moitié des familles monoparentales sont composées d'une mère (dans 80 % des cas) avec un seul enfant. On voit bien ici comment un imaginaire politique rétrograde (conception nataliste) s'incarne dans une mesure de politique publique inadaptée et injuste (allocations familiales au deuxième enfant).

Autre vide juridique et social : celui qui concerne les beaux-parents, conjoints d'une nouvelle union. Maurice Godelier souligne même que le terme « beau-parent » ne convient pas à cette situation de « seconde union » puisqu'il s'agit d'un mot relatif à l'alliance. En anglais, il existe un terme pour désigner le beau-parent nouveau conjoint de la mère ou du père, *step-mother* et *step-father*, et un autre pour qualifier les parents de son conjoint : *mother-in-law* et *father-in-law*. L'anthropologue explique que la langue française a écarté les mots « marâtre » et « parâtre » qui avaient une consonance négative, tout en ayant recours à un vocable inapproprié. L'absence de nomination juste de cette situation de famille en dit long sur le vide social et juridique qui l'entoure. Différents projets de loi pour définir un statut juridique du beau-parent ont été portés à plusieurs reprises, mais aucun n'a été adopté. Les beaux-parents ont pu accéder à des droits via différents textes, comme celui de 2013 sur le mariage pour toutes et tous qui permet au beau-parent, en cas de séparation du parent de son bel-enfant, d'obtenir un droit de visite auprès de son bel-enfant. Mais rien qui vienne instituer un véritable statut juridique, qui serait à articuler avec le statut de famille monoparentale pour penser, y compris juridiquement, socialement et fiscalement, la mobilité des familles. Car rien n'atteste qu'une personne va rester dans une situation identique toute sa vie.

Un imaginaire politique c'est aussi un regard social à travers lequel il s'agit d'accompagner avec solidarité des moments de rupture qui relèvent de l'incertitude dans le cycle de vie personnel. Pierre Rosanvallon a démontré que l'incertitude fait partie des épreuves de la vie – aux côtés de celles de l'intégrité personnelle (menaces physiques ou psychiques) et du lien social (mépris, injustice, discriminations). Des incertitudes générées par la société libérale dans laquelle nos destins ne sont plus tracés dès la naissance et où l'insécurité sociale est accrue. On effectue rarement le même métier que ses parents et le ralentissement de l'ascenseur social ne permet plus aux adultes d'envisager des lendemains meilleurs pour leurs enfants. Des incertitudes face au divorce, au chômage, à la maladie. Des incertitudes liées au dérèglement climatique ou aux pandémies. Les configurations familiales portent l'empreinte de ces aléas de la vie. D'où l'importance d'un meilleur consentement social à la mobilité qui permette une fluidité familiale, c'est-à-dire de changer de place avec facilité et sans déclassement.

J'émets l'hypothèse et même le souhait que la « famille moderne trois » soit fluide, c'est-à-dire susceptible de changer de composition au gré des aléas et des parcours de vie, sans heurts ni déconsidération sociale. La fluidité tiendrait au fait que la mobilité soit accompagnée d'un regard social juste, de solidarité et d'un cadre institutionnel adéquat. La critique de la fluidité comme porteuse d'un risque de dissolution des identités, à l'instar du genre, est excessive. La diversité n'est pas l'indifférenciation. De fait, on observe dans les statistiques déjà évoquées une « mobilité » des familles. Autant la considérer et l'accompagner socialement.

Vivre en paix

Enfin, l'imaginaire politique de la « famille moderne trois » porté par un projet de société progressiste doit rompre avec la violence qui peut subvenir au sein de la « cellule familiale ». Une parole a émergé à travers des publications littéraires, notamment celles de Christine Angot, Camille Kouchner et

Neige Sinno. Ces autrices ont mis des mots là où régnait le silence. Par leur courage et leur voix, elles ont permis un début de prise de conscience collective sur l'ampleur du fléau de l'inceste et des traumatismes psychiques des victimes. La Commission indépendante sur l'inceste et les violences sexuelles faites aux enfants (Ciivise) a montré dans son rapport publié en 2023 que 160 000 enfants sont victimes de violences sexuelles chaque année, essentiellement commises dans l'environnement familial (dans 81 % des cas, l'agresseur est un membre de la famille). Elle estime que 22 000 enfants sont victimes chaque année de violences sexuelles commises par leur père. En parallèle, les violences conjugales ont été davantage entendues et le terme « féminicide » est entré dans le langage courant. Mais les mesures pour éradiquer ces violences qui touchent en premier lieu les femmes et les enfants manquent à l'urgence de la situation.

Ces violences familiales sont les stigmates du système de domination masculine qui attribue des pouvoirs aux hommes, à tel point que certains en abusent et se sentent possesseurs de leur conjointe et de leurs enfants, s'attribuant un droit de vie ou de mort sur eux. Certes, la notion de « puissance paternelle » a disparu du code civil, mais son ombre plane encore sur les représentations mentales de la famille. Le terme « patriarcat » veut dire « autorité du père ». On constate, à travers les violences, son indéniable limite.

L'idée que la famille soit privée tout autant que publique – c'est-à-dire que la société par l'intermédiaire de l'État et de la loi puisse y entrer – est relativement nouvelle à l'échelle de l'Histoire. Mais elle est fondamentale. Nous sommes collectivement responsables des « violences de la maison », pour reprendre l'expression employée par le juge Édouard Durand qui a présidé la Ciivise. Parce que la société doit refuser la violence et parce que la famille, comme le privé, est politique. Il faut entendre Édouard Durand qui plaide pour un renforcement de la législation afin de mieux protéger les victimes de ces violences grâce à une législation qui soit « plus impérative », c'est-à-dire qui laisse moins de place à l'interprétation et la subjectivité des juges.

Une autre forme de violence doit disparaître du nouveau référentiel de la famille : les inégalités économiques et sociales qui se nouent au cœur de la vie domestique. Le fait que les femmes aient des revenus inférieurs à ceux des hommes provient de déséquilibres qui interviennent sur le marché du travail mais également dans l'intimité des familles. Les femmes prennent davantage de temps partiel pour s'occuper des enfants, participent plus aux dépenses courantes et moins à celles d'investissements comme l'achat du logement, s'épuisent dans des doubles journées… autant d'éléments qui éclatent au grand jour lors d'une séparation, au cours de laquelle la mère a une forte probabilité d'avoir la garde principale du ou des enfants mais avec un budget bien moindre que celui de son ex-conjoint.

Pourquoi attendre le moment douloureux d'une séparation pour constater des déséquilibres économiques et financiers au détriment des femmes ? Parce que les stéréotypes sexués attribuent encore au conjoint le rôle de *pater familias* qui protège sa famille en lui permettant d'avoir un toit et un véhicule. Ces arrangements dans les couples ne pourront pas être défaits sans un changement des représentations mentales. Les politiques publiques ont aussi un rôle à jouer en s'appuyant sur un nouvel imaginaire politique de la famille : des mesures législatives peuvent être prises pour pallier cette distribution des rôles défavorable aux femmes, comme la création d'un barème pour mesurer le temps de travail gratuit réalisé par une mère qui prend un temps partiel impliquant une baisse de revenus, et calculer une compensation au moment du divorce. Ce serait une façon de reconnaître la valeur du travail domestique et familial réalisé en grande majorité par les femmes.

Les sociologues Sibylle Gollac et Céline Bessière ont montré que les professionnels du droit souffrent de biais sexiste dans l'application du droit au moment des divorces et des héritages, en estimant au moins inconsciemment que les hommes incarnent encore le statut social des familles. En France, la loi impose que les fils et les filles héritent de la même chose. Dans les faits, les fils héritent davantage de biens professionnels ou immobiliers susceptibles de gagner en valeur, alors que les filles reçoivent davantage une équivalence en argent, moins rentable à long terme. Celles-ci protestent peu, puisqu'elles se sentent garantes de la paix des familles. Or cet enjeu prend une importance croissante du fait que le patrimoine est désormais constitué de deux tiers d'héritage et d'un tiers d'épargne issue des revenus du travail. C'était l'inverse au cours des Trente Glorieuses. Pour ne pas revenir à des familles dans lesquelles primaient le maintien et la transmission des biens au détriment des liens et des individualités, il est impératif de repenser les contours de l'héritage : sa fiscalité pour plus de progressivité et la création d'une dotation universelle, sa pratique pour plus d'égalité dans les fratries et sa définition pour inclure, avec plus d'équité dans la succession, des proches qui n'ont pas de lien conjugal ou de filiation. Traduire en droit la relation d'amitié est aussi un chantier. Dans une famille nouvelle génération, il faudrait enfin que les femmes bâtissent leur matrimoine tout autant que leurs frères et conjoints.

Penser les familles de demain revient à penser nos liens. Ceux que l'on choisit, ceux dont on hérite, ceux dont on se libère. Et à imaginer des familles qui deviennent, en somme, un lieu où vivre en paix.

DEUXIÈME PARTIE

LES ILLUSIONS PERDUES

Le bonheur par la consommation

RAPHAËL LLORCA

Les supermarchés, et leurs rayons infinis qui nous font miroiter la fin de la rareté ; la carte de crédit, et tout l'inconscient social sous-jacent de liquidation des limites ; l'automobile, d'autant plus sacralisée qu'elle devient synonyme de liberté ; le lave-vaisselle pour tous, et la formidable épopée de l'accession au confort ; le Club Med, et la démocratisation des vacances exotiques ; Jacques Séguéla, et la publicité qui donne du talent à la consommation ; l'essor de Carrefour, de Decathlon, des jeans, du cinéma, des rock stars… Quand on y réfléchit bien, toute l'imagerie de notre société de consommation a été forgée, érigée et consolidée au cours des Trente Glorieuses. Plusieurs générations de citoyens ont baigné dans cette forme d'évidence tranquille selon laquelle la possession matérielle permettait d'accéder à ce qui constitue la quête de tout individu moderne : le Bonheur. Par la magie de la consommation, cette notion abstraite et lointaine est soudainement devenue tangible. En se matérialisant dans une paire de chaussures, une télévision ou un voyage, le Bonheur prend forme et devient accessible – littéralement à portée de main. En cela, la période des Trente Glorieuses voit s'effectuer un important passage de relais spirituel : à mesure que l'empreinte de la religion catholique entame sa longue décrue, une autre espérance se lève : désormais, le salut de l'âme n'est plus dans l'au-delà, il est dans les choses, dans toutes les choses, et dans les choses seulement. Nous ne sommes plus seulement au stade du « fétichisme de la marchandise », comme l'analysait Marx au XIXe siècle : désormais, « notre civilisation fait porter aux choses et aux objets la charge d'affabulation publique, entre mythologie et morale, que d'autres sociétés ont fait porter, à travers l'histoire, au ciel et à l'histoire », pour reprendre les mots du philosophe Emanuele Coccia.

On ne peut comprendre la place qu'occupent les Trente Glorieuses dans notre mémoire collective que si l'on mesure l'importance de ce qui se joue à cette époque dans notre rapport à la consommation. La nostalgie des Trente Glorieuses, c'est avant tout la nostalgie de *l'évidente félicité matérielle.* Aujourd'hui confrontée aux défis environnementaux, une partie de la population éprouve de la « solastalgie », cette forme de nostalgie écoanxieuse qui correspond au deuil d'un monde que l'on a connu et qui est en train de disparaître ; ce qu'on ne dit pas assez, c'est qu'une autre partie de la population, sans doute plus importante encore, souffre de ce que l'on pourrait appeler une « consostalgie » : la nostalgie d'un monde où la consommation apparaissait comme le remède à tous nos problèmes. Ce monde, c'est celui des Trente Glorieuses.

C'est très exactement ce qu'a dépeint, avec beaucoup d'éclat, le romancier bulgare Guéorgui Gospodinov dans *Le Pays du passé.* Un certain Gaustine, psychiatre, est parvenu à mettre au point une nouvelle thérapie de réminiscence pour ses patients atteints de la maladie d'Alzheimer : il fonde la première clinique à produire du passé. L'idée est la suivante :

pour déclencher leur mémoire, il suffit de plonger les malades dans des espaces correspondant au temps de leur jeunesse, de façon à créer un espace synchronisé avec leur temporalité intérieure. C'est ainsi que tel étage de la clinique, par exemple, correspondra à l'année 1965 – en le peuplant d'odeurs, de sons et de choses des années 1960. Ce faisant, le psychiatre érige pour ses patients ce qu'il appelle des « abritemps », des sortes d'abris antibombes du passé, qui permettent d'offrir du « temps protégé ». Bientôt, la thérapie attire l'attention du personnel politique : et si on l'appliquait à des villes, voire à des nations entières ? C'est le pari de l'Union européenne : dans l'espoir de conjurer les forces centrifuges en son sein, et actant que le Vieux Continent n'était de toute façon plus le moteur du monde, elle décide d'organiser, dans chacun des pays membres, un « référendum sur le passé ». Concrètement, chaque peuple est appelé à voter pour l'époque dans laquelle il souhaiterait vivre. « Il était presque certain que la France choisirait l'une des heureuses Trente Glorieuses, écrit Gospodinov, années d'essor économique et de prospérité croissante. » De fait, c'est une tendance que l'auteur imagine retrouver dans à peu près tous les pays voisins : à chaque fois, ce qui emporte la majorité des suffrages, c'est la période d'accession au confort matériel, celle qui rime avec sa première machine à laver semi-automatique, son premier téléviseur, sa première Peugeot…

La fable politique est puissante, et résonne d'autant plus fort que la fiction rejoint des éléments très factuels : écrasés par un avenir perçu comme rempli de menaces, une part croissante de nos concitoyens souhaiterait effectivement vivre dans le passé. Chaque année, l'Observatoire du bien-être du Cepremap réalise une enquête qui pose la question suivante : « Certaines personnes aimeraient bien vivre dans une autre époque en France. Si vous aviez le choix, laquelle choisiriez-vous ? » Les dernières données disponibles sont édifiantes : seuls 3 % des répondants choisiraient de vivre dans l'avenir, 27 % choisiraient « l'époque actuelle », tandis que 70 % préféreraient vivre dans le passé. Dans le détail, seuls 3 % des répondants aimeraient vivre dans une époque antérieure à la Seconde Guerre mondiale : la préférence pour le passé se concentre sur les années 1950 à 1980.

Voilà donc, si l'on suit la réflexion de Gospodinov, la fonction symbolique des Trente Glorieuses : la période constitue une sorte d'« abritemps mental », une référence temporelle largement fantasmée au cours de laquelle s'est noué un lien de causalité entre félicité collective et confort matériel. C'est de cet imaginaire des Trente Glorieuses que nous avons hérité, et dont il est urgent de s'extirper.

Pour mieux comprendre les éléments structurants de cet imaginaire collectif, il nous faut replonger dans sa genèse, à commencer par la façon dont en parle Jean Fourastié, le père de l'expression les « Trente Glorieuses ». Ce qui me frappe, à la relecture de son best-seller *Les Trente Glorieuses ou la révolution invisible*, paru en 1979, ce sont les efforts réalisés pour *mettre en récit la consommation*. Bien sûr, l'ouvrage est parsemé de chiffres, de tableaux et de références statistiques, dites « objectives » ; mais l'important est ailleurs : le cœur du raisonnement réside dans une stratégie argumentative qui consiste à charger la consommation de tout un système de valeurs autour de la notion de Progrès – à la fois économique, social et même humain : en accédant au confort matériel, c'est bien d'un « humain nouveau » dont il est question, écrit Fourastié.

Si ces années sont qualifiées de « glorieuses », c'est d'abord et avant tout parce qu'elles ont été marquées par l'augmentation spectaculaire du niveau de vie et du « pouvoir de consommation » des Français, pour reprendre l'expression utilisée. C'est sans doute à l'échelle d'un logement individuel que l'on perçoit le mieux cette impressionnante progression du niveau de confort : en 1946, pointe l'auteur, les appareils ménagers sont inexistants ; le chauffage central et la distribution d'eau chaude, rarissimes en dehors des « beaux quartiers ». En 1976, en revanche, la situation s'est renversée : 91 % des ménages disposent alors d'un réfrigérateur, 86 % d'un poste de télévision, et 72 % d'une machine à laver. *Homo confort* est né.

Voilà donc, au moment même où naît l'expression des « Trente Glorieuses », la façon dont elle a été pensée, interprétée, décrite et transmise au grand public : celle d'une époque qui, à l'échelle de l'histoire humaine, réalise « le vieux rêve d'affranchir les hommes de la faim et des épidémies, du travail servile et de la mort précoce ». La consommation, à ce titre, est présentée comme à la fois le signe et le moteur le plus tangible de cette grandiose transformation – et gare aux « quelques adolescents sympathiques mais mal informés » qui osent « critiquer, voire détester, la “société de consommation” » : ne bénéficient-ils pas, ces ingrats, « du niveau de vie et du genre de vie actuels de la France, de l'hygiène, de la santé et de la Sécurité sociale, et de tous les moyens modernes de transport, d'information, de communication » ? On croirait entendre OSS 117, caricature de la mentalité des Trente Glorieuses : « Il s'agirait de grandir… »

De fait, l'ouvrage de Fourastié a constitué le cadre interprétatif de plusieurs générations de hauts fonctionnaires, d'économistes, de dirigeants politiques, de chefs d'entreprise mais aussi de professeurs de sciences économiques et sociales ou d'histoire-géographie. L'important, c'est de prendre conscience de ses effets : l'univers de sens proposé par l'expression même de « Trente Glorieuses » a comme « fixé la chaîne flottante des signifiés », pour reprendre une expression de Roland Barthes. Le sémiologue constatait que, dans le rapport entre texte et image, le rôle du sous-titre (dans une bande dessinée ou une publicité, par exemple) était de « diriger le lecteur entre les signifiés de l'image, lui en faire éviter certains et en recevoir d'autres », permettant de le « téléguider vers un sens choisi à l'avance ». C'est ce qu'il appelait la « fonction d'ancrage » du texte vis-à-vis de l'image. C'est, au fond, le même mécanisme à l'œuvre ici : dans la bande originale des années 1946-1975, le sous-titre « Trente Glorieuses » a profondément « ancré » notre perception et notre compréhension de la période, en précisant, délimitant, circonscrivant *a posteriori* le sens historique et politique.

Des palais d'imagination

Comment, dès lors, sortir de cette vision de la consommation qui nous enferme dans un imaginaire à rebours des enjeux contemporains ? Le premier problème réside bien sûr dans l'insoutenabilité du mode de consommation hérité des Trente Glorieuses, qui se heurte aujourd'hui à la raréfaction des ressources et aux limites planétaires. La difficulté politique qui se pose, c'est qu'il ne s'agit pas seulement de passer à un nouveau stade de développement économique, une sorte d'énième révolution industrielle plus sobre : il s'agit de défaire une architecture mentale qui lie, dans sa signification même, la notion de consommation à deux valeurs fondamentales de l'histoire politique moderne : l'identité et la liberté.

Consommation et identité, d'abord : c'est l'une des principales réussites des *Madmen*, ces publicitaires des Trente Glorieuses – distingués par la série éponyme –, que d'avoir articulé les deux, en imposant la fiction selon laquelle les individus pouvaient, grâce à des actes de consommation, renforcer, modifier, réparer ou changer totalement leur identité. Ce que l'historien Paul Veyne expliquait sur la croyance des Grecs en leurs mythes vaut pour la relation des consommateurs aux récits des marques qu'ils consomment : elle se situe en dehors de l'alternative du vrai et du faux. Ces « palais d'imagination » publicitaires font surgir un espace, le leur ; seule compte l'illusion de vérité. On comprend dès lors que la société de consommation n'est pas qu'un système économique dont il s'agirait, rationnellement, de corriger les excès : en touchant à l'identité même des individus, elle devient l'objet d'une lutte farouche, que ce soit dans une démarche de conquête ou de maintien. C'est bien cette dimension *identitaire* qui augmente le coût d'un changement pourtant nécessaire.

Autre nœud à démêler, celui qui semble indissociablement lier abondance et liberté : les Trente Glorieuses ont installé l'idée selon laquelle un citoyen libre, ce serait d'abord et avant tout un consommateur doté d'une totale liberté de consommation. Autrement dit, le message qui a été implicitement transmis pendant un demi-siècle, c'est que la société de consommation constituait l'achèvement du projet démocratique d'émancipation des individus. Finies, les seules « Déclarations » des droits de l'homme : place aux possessions, sonnantes et trébuchantes. C'est ainsi qu'un slogan resté célèbre des années 1960 proclame que « Moulinex libère la femme », présentant l'équipement électroménager comme une condition *sine qua non* de l'émancipation féminine.

Alors que le réchauffement climatique nous impose de découpler la question de l'abondance de celle de la liberté, à quoi peut bien ressembler la liberté à l'ère de la rareté ? Par exemple, faut-il poser une limite au nombre de trajets aériens réalisés par chaque individu au cours d'une vie pour limiter les émissions de carbone ? Si la réponse est incroyablement difficile à élaborer et, plus encore, à faire accepter au plus grand nombre, c'est que les Trente Glorieuses ont sacralisé la liberté du consommateur, l'érigeant en équivalent symbolique du droit à la propriété lors de la Révolution française. Comment convaincre de la nécessité de bifurquer sans donner le sentiment d'une privation de liberté ? C'est bien sous cet angle que, partout dans le monde, les partis d'extrême droite ont forgé leur doctrine écologique, qui se résume à protéger le *mode de vie* des classes moyennes, mis en danger par d'affreux « Khmers verts ». Leur promesse, c'est de prolonger la durée de vie de l'illusion des Trente Glorieuses, coûte que coûte. La rhétorique est ravageuse : en 2019, le conseiller en stratégie politique néerlandais Hans Anker énumérait toutes ces petites choses du quotidien que les partis écologistes donnaient le sentiment de vouloir retirer aux gens ordinaires. La liste, rappelée par Giuliano da Empoli dans *Les Ingénieurs du chaos*, est une sorte d'inventaire de la consommation *made in* Trente Glorieuses, puisqu'on y trouve aussi bien les voitures diesel, les distributeurs de sodas à l'école, les cigarettes et les voyages en avion, que les fast-foods, les barbecues ou le sucre…

Ainsi forgé, l'imaginaire des Trente Glorieuses est constitué d'un alliage qui semble résister à tout : au temps, aux critiques et à ses évidentes contradictions. Ce qui frappe les esprits, rétrospectivement, c'est que les Trente Glorieuses ont dans le même temps produit les critiques les plus radicales de la société de consommation. On connaît les méfaits de la culture de masse depuis Theodor W. Adorno ; les effets intimes de notre rapport aux marchandises, depuis *Les Choses* de Georges Perec ; la fausseté du monde matériel engendré par la « société du spectacle », depuis Guy Debord. Marcuse, Baudrillard, mais aussi Galbraith ou, plus tard, Naomi Klein… on pourrait mobiliser un chapelet d'auteurs critiques qui, tous, tirent dans la même direction. Du côté scientifique, l'impasse de la croissance dans un monde fini a été mathématiquement démontrée depuis mars 1972 et la publication du « rapport Meadows », intitulé *Les Limites à la croissance.* Courbes à l'appui, il montrait en particulier que notre mode de consommation exponentiel exposait, à moyen terme, la civilisation thermo-industrielle à un risque d'effondrement. À ce moment-là, la « mentalité des Trente Glorieuses » se heurte à un mur, l'obligeant soit à changer radicalement, soit à se réfugier dans le déni. Depuis cinquante ans, c'est la seconde option qui l'emporte massivement.

Reformulons le problème : à partir du moment où tout un chacun est *consciemment* averti de l'insoutenabilité du mode de consommation hérité des Trente Glorieuses, mais que ce dernier continue malgré tout de prospérer, c'est qu'il se meut sous une autre forme, plus *inconsciente*. Pour en comprendre le mécanisme, avançons l'explication suivante : les Trente Glorieuses se sont constituées en « imaginaire-écran ». Freud parlait de « souvenirs-écrans », en jouant sur la double acception du terme « écran », qui indique à la fois cette surface qui masque des éléments, et cette toile sur laquelle se projettent les éléments décisifs. Psychiquement, c'est le même mécanisme à l'œuvre pour les Trente Glorieuses : elles ont été transformées en un vaste imaginaire-écran à l'échelle de la société tout entière. Celui-ci relate le formidable récit d'une conquête, celui de l'accession au confort, tout en dissimulant ce que cette même dynamique comporte de problématique. C'est à partir de cette logique de l'imaginaire-écran que deux enjeux contemporains de la consommation, chacun éminemment politique, deviennent intelligibles : le pouvoir d'achat et le potentiel conflictuel de la consommation.

Le pouvoir d'achat, d'abord : c'est l'enjeu social majeur qui émerge au cours des Trente Glorieuses, à la croisée de la consommation et de la politique. D'un côté, on se mobilise dans l'usine et dans la rue pour exiger des augmentations de salaire. De l'autre, on cherche à maximiser la baisse des prix, en inventant le modèle de la grande distribution, bâti sur un principe : distribuer en masse et vendre à bas prix. Pour baisser drastiquement le coût final des produits, les « épiciers », comme on les surnommait alors, innovent dans leurs pratiques commerciales : ils inventent le libre-service en 1948, les prix bas en 1949, le supermarché en 1959, l'hypermarché en 1963, les marques de distributeur en 1976. Le tout s'accompagne d'une rhétorique de « lutte contre la vie chère », immortalisée par des slogans publicitaires restés dans les mémoires, comme « Mammouth écrase les prix » (1968).

Force est de constater que nous héritons aujourd'hui de cette notion de « pouvoir d'achat » qui hante, comme dans nul autre pays dans le monde, notre discours social et politique. Benoît Heilbrunn, l'un des meilleurs penseurs contemporains de la consommation, parle d'une « notion toxique » qui fausse la compréhension des enjeux réels de la consommation. Pour lui, parler constamment de pouvoir d'achat nourrit un discours de victimisation du citoyen consommateur, qui n'en aurait jamais pour son argent. La rhétorique du pouvoir d'achat s'apparenterait à une forme de populisme consumériste, dans la mesure où elle ne ferait que nourrir une défiance à l'égard du système marchand et de la société en général. Le résultat, c'est une détérioration accrue de la relation du citoyen au personnel politique, au profit des acteurs de la grande distribution qui, eux, n'ont eu de cesse de se présenter comme les « chevaliers blancs » du pouvoir d'achat. De fait, lorsqu'un hebdomadaire a présenté récemment en couverture Michel-Édouard Leclerc comme « le vrai ministre de l'inflation », il accrédite l'idée que le pouvoir a changé de main : ce sont les grands distributeurs qui peuvent *changer la vie*, plus le politique.

Autre effet sociopolitique majeur de l'omniprésence de la notion de pouvoir d'achat : elle instille une idéologie marchande qui fausse notre compréhension des enjeux et des besoins réels de la société de consommation. La généralisation des soldes et du modèle *low cost*, explique Benoît Heilbrunn, accrédite l'idée qu'on pourrait indéfiniment abaisser la valeur des choses, comme si l'on pouvait aller jusqu'à un prix nul, voire négatif. Il faudrait, au contraire, accepter l'idée que les marchandises ont une valeur socle en dessous de laquelle on ne respecte plus le coût du travail et l'environnement. Cet impensé constitue l'angle mort du discours politique et économique, qui se focalise sur la réduction des prix alors qu'il devrait préparer les esprits à la hausse structurelle du prix des biens, en raison de la raréfaction des ressources et de la nécessaire revalorisation du travail. Qui, dans la classe politique et les dirigeants économiques, en aurait le courage ?

Violences de la consommation

Dans la vision de la consommation portée par les Trente Glorieuses existe intrinsèquement l'idée d'une pacification. On a longtemps pensé que la société de consommation, gavée par trente années de forte croissance, entraînerait mécaniquement le dépérissement de la conflictualité sociale – quel travailleur, « domestiqué » par la garantie d'une hausse régulière des salaires et l'accès au crédit, songerait encore à faire la révolution ?

La réalité est tout autre. Ce que l'imaginaire-écran des Trente Glorieuses a entièrement invisibilisé, c'est le potentiel conflictuel de la consommation. D'abord pour toutes celles et ceux qui sont laissés à l'écart des promesses consommatoires. Dans une société qui impose la fiction selon laquelle il existe des marques qu'*on ne peut pas ne pas avoir*, qu'en est-il des exclus de la consommation ? Ne pas porter la dernière paire de Nike dans la cour du lycée, ne pas avoir la capacité d'offrir de Nutella à ses enfants au petit déjeuner, acheter un iPhone de seconde main… il n'y a guère que les classes aisées qui ne vivent pas la « sobriété » comme une contrainte, et la restriction de la consommation comme une gigantesque violence symbolique. À l'automne 2021, une enquête de l'Ifop pour la Fondation Jean-Jaurès montrait que 30 % des Français étaient régulièrement empêchés de célébrer une fête (anniversaire, Noël, Nouvel An, fête religieuse…) pour des raisons financières. La proportion atteignait même 51 % des interrogés qui se déclaraient « Gilets jaunes » – preuve qu'être relégué de la société de consommation constitue un potentiel gisement de conflictualité sociale.

Mais il y a plus : la logique de la consommation renferme, en elle-même, une forme de violence. Dans son ouvrage *La Société de consommation*, publié en 1970, Jean Baudrillard consacre plusieurs passages aux tensions psychiques et politiques engendrées par une société structurée par et autour de la consommation. On aurait tort de considérer la consommation comme pur ajout, un « progrès additif » qui s'ajouterait aux autres, alors qu'elle correspond plutôt à une forme de remplacement du politique. « Les aspirations consommatives compensent en fait les défaillances graves pour certaines classes en matière de mobilité sociale », écrit Baudrillard, qui met le doigt sur ce qui s'affirmera encore davantage une fois que la croissance ne sera plus mirobolante : le positionnement de discours de marques en miroir des promesses affaiblies du discours politique. Baudrillard s'interroge également sur la succession de phénomènes contradictoires, qui caractérisent tous ensemble son époque : abondance, violence, euphorie, dépression… comment rendre compte de l'unité profonde de tout ce processus ? Il faut comprendre, explique-t-il, que la société de consommation, loin d'assouvir les besoins et d'apaiser les tensions, crée des distorsions toujours plus grandes chez le consommateur. Ballotté telle une particule élémentaire, il se retrouve confronté à « l'extension du domaine de la lutte » dans tous les domaines de sa vie sociale, avec de surcroît l'impératif catégorique de maximaliser ses jouissances. « En définitive, concluait Baudrillard, le coût majeur de la société de consommation est le sentiment d'insécurité généralisée qu'elle engendre. » On le voit bien aujourd'hui dans l'univers des applications de rencontre, qui ont appliqué à l'Amour, territoire jusqu'alors jalousement gardé des poètes et des artistes, la logique du supermarché – le *swipe* aboutissant à choisir un partenaire comme on choisit son lave-linge ou sa marque de shampoing, selon une logique multicritère. Au prix du vertige de l'hyperchoix et, surtout, d'un vif désenchantement.

Percer l'écran

Après avoir si longtemps décrit la consommation comme le moteur du progrès social, et même parfois, humain, il est aujourd'hui narrativement et politiquement très compliqué de faire accepter la nécessité d'une bifurcation. Autrement dit, l'imaginaire de la consommation de masse est, par nature, profondément conservateur : il a pour effet de vouloir maintenir, coûte que coûte, les promesses formulées dans un monde où *la question carbonée*, notamment, ne se posait pas. Comment en sortir ?

La première option, la plus radicale, consiste à prôner l'*exit* pur et simple de la société de consommation. Collectifs anti-pubs, militants anti-Black Friday adeptes de la « sobriété heureuse » : tous rejettent la consommation par principe, souvent au nom de la critique de « l'aliénation » – non plus du travailleur, mais du consommateur. Le problème, c'est que cette mouvance alternative se heurte aux réalités des classes populaires, pour lesquelles la consommation revêt une importance sociale. C'est ce choc des mondes que montre, avec humour, le dernier film de Toledano et Nakache, *Une année difficile*, au cours duquel Jonathan Cohen et Pio Marmaï voient leur

« sobriété subie » (leur manque de moyens) se confronter à la « sobriété choisie » de militants petits-bourgeois. Une enquête sur « La société idéale des Français » (Ipsos/ Fondation Jean-Jaurès, 2023) montrait une nette fracture sur cette question : invités à se projeter dans le monde dans lequel ils souhaiteraient vivre, la majorité des interrogés appellent de leurs vœux une société dans laquelle « les individus ne peuvent plus acheter tout ce qu'ils veulent et doivent se restreindre en fonction de certains principes environnementaux et/ou éthiques ». Les classes populaires, elles, aspirent à l'exact inverse, exprimant en majorité leur souhait d'une société dans laquelle « les individus peuvent acheter et consommer autant qu'ils veulent et en toute liberté, selon leurs envies du moment ». Que faire : rejeter en bloc leur désir de consommer ? Faire leur bonheur malgré eux, en dessinant un monde sans voitures, sans hypermarchés, sans promotions ? Pour embarquer le plus grand nombre, la voie de la radicalité est une impasse.

La seconde voie correspond à celle empruntée par les grandes marques de consommation : favoriser l'éclosion de « nouveaux imaginaires ». Dans le monde des agences de communication, l'expression s'est rapidement imposée, au point de devenir une évidence : elle désigne la capacité des marques à rendre désirables les changements de comportement allant dans la direction d'un monde plus durable – rouler en automobile électrique, faire le tri, acheter du bio… Au fond, c'est la thèse de la « croissance verte » appliquée aux imaginaires : il n'y aurait pas d'incompatibilité entre capitalisme et écologie, simplement une rencontre à organiser (et à vendre). Le problème, c'est que, ce faisant, on remplace un imaginaire-écran… par un autre imaginaire-écran, qui fabrique à son tour son lot de mythologies, comme l'idée selon laquelle la charge du changement reposerait en majorité sur les épaules des consommateurs (et non des producteurs), par exemple. Pour vraiment changer les choses, la voie de l'aménagement imaginal est une illusion.

Ma conviction, c'est que la solution se trouve au-delà de cette dialectique révolution des actes/réforme des imaginaires. Il faut que la consommation devienne un sujet pleinement politique, de façon à ne pas laisser aux seules marques le soin de dessiner nos « imaginaires désirables », ceux qui façonneront la cité de demain. Pour ne pas laisser l'extrême droite être la seule formation politique à parler aux consommateurs, dans un discours qui les conforte dans la préservation d'un mode de vie problématique pour notre destin commun, c'est le champ politique dans son ensemble qui doit s'emparer de la question de la consommation – en se gardant bien de n'aborder que la seule facette du « pouvoir d'achat », et d'embrasser plus largement les questions de la production, de la communication et des usages.

La gauche, en particulier, aurait des choses à dire et à défendre, à condition qu'elle trouve un équilibre entre, d'un côté, sa tradition critique des travers du capitalisme, et de l'autre, sa capacité à prendre en compte les transformations de la vie quotidienne. Elle peut s'inspirer de la leçon que Jean Jaurès avait tirée de sa défaite aux législatives de 1889 : « Il faut organiser le socialisme dans l'ordre matériel », écrivait-il alors dans *Qu'est-ce que le socialisme ?*. À l'époque, la grande question était le travail : cela a donné lieu à cent cinquante ans de réflexions et de combats politiques sur cette thématique. Aujourd'hui, alors que c'est précisément le hors-travail qui structure de plus en plus la vie quotidienne des gens, la consommation a le potentiel de devenir le gisement de multiples politiques publiques, inscrites dans le cœur de la vie des citoyens. Des majorités d'idées existent dans l'opinion, comme la proposition d'une « loi Évin sur l'environnement », portée par la Convention citoyenne sur le climat : ne faudrait-il pas interdire les publicités pour les produits de « l'économie de la mort », qui regroupe aussi bien les produits nocifs pour notre santé (fast-foods, boissons sucrées) que ceux attentatoires à la planète (SUV, compagnies aériennes) ?

Plutôt que de lutter contre la consommation en tant que telle, sans doute faudra-t-il repartir, pour la travailler différemment, de cette quête de bonheur et de confort. Une idée pourrait être de s'appuyer sur cette aspiration à la « civilisation du cocon » pour renverser la charge de l'inconfort. L'inconfort, ce ne sont pas les désagréments du changement de modèle de consommation, mais son maintien ; ce sont les effets en cascade du statu quo qui risquent, à moyen terme, de mettre en danger le mode de vie du consommateur. Paradoxalement, c'est peut-être en s'appuyant sur cette idée du bonheur par la consommation installée au cours des Trente Glorieuses que l'on parviendra à changer en profondeur les comportements.

La croissance infinie

DOMINIQUE MÉDA

L'un des symboles majeurs des Trente Glorieuses, époque que l'on dit bénie, c'est bien évidemment la *croissance*, cette substance magique dont tous les responsables politiques implorent désespérément le retour depuis des décennies.

Mais au fait, de quelle croissance s'agit-il ? La croissance de la production, de la consommation, des niveaux de vie. La croissance du confort, de l'emploi, de la population. Le tout concentré dans un chiffre magique : le taux de croissance du Produit intérieur brut (PIB). C'est le chiffre dont les évolutions sont le plus scrutées : la croissance a-t-elle dépassé 1 % ? C'est l'euphorie. A-t-elle légèrement fléchi ? C'est le déclin, et la déprime. Car la croissance, depuis les Trente Glorieuses, est synonyme de progrès, d'expansion, de vigueur, de développement, de mieux. Sans elle pas de création d'emplois, pas de financement de la protection sociale, pas d'augmentation des revenus, nous dit-on. Alors, même si nous savons que la croissance est sans doute l'ennemie de l'environnement, nous supplions : s'il vous plaît, monsieur le bourreau, donnez-nous encore un peu de croissance. Le PIB est devenu notre fétiche.

Observateur attentif des origines des Trente Glorieuses, le sociologue François Fourquet a mené à la fin des années 1970 des entretiens avec les principaux acteurs de cette époque, notamment avec les créateurs de ces institutions essentielles qu'ont été le Commissariat général du plan et le Système de comptabilité nationale. Dans son remarquable livre *Les Comptes de la puissance*, il raconte avoir trouvé chez ses interlocuteurs une véritable « volonté de croissance ». « Les narrateurs, écrit-il, ont presque tous détesté le désir malthusien d'une France décroissante et vieillissante depuis un siècle : ils ont ressenti profondément la vibration douloureuse de la défaite ; et qu'ils soient patriotes ou internationalistes (ou les deux), ils ont travaillé pour que la France devienne une grande puissance "moderne et vigoureuse". » Continuant ainsi, en parlant de deux acteurs essentiels : « Ce qui, dans les années trente, scandalise Gruson et Denizet, ce n'est pas le dérèglement en soi, c'est la décroissance, c'est l'ignorance et l'impuissance à sortir de la dépression. »

Durant les Trente Glorieuses, le taux de croissance moyen annuel va être d'environ 5 %. Cela n'avait jamais été le cas auparavant et ne se produira plus jamais dans les décennies suivantes. Bien qu'il s'agisse d'une véritable parenthèse et alors qu'une autre histoire des Trente Glorieuses, plus sombre, est désormais racontée, la quasi-totalité des dirigeants politiques, en France et à l'étranger, disent pourtant vouloir tout faire pour retrouver de tels niveaux de croissance. « J'irai la chercher avec les dents », avait dit Nicolas Sarkozy, en 2007, pendant sa campagne présidentielle. Cette ambition est-elle raisonnable ? Ne fait-elle pas désormais obstacle à l'engagement urgent de nos sociétés dans la reconversion écologique ? N'est-il pas temps de dire adieu à la croissance ?

Croissance ou décadence

En 1946, Madère, le village que décrit Fourastié dans *Les Trente Glorieuses*, est « sous-développé » : le niveau et le genre de vie des habitants sont restés proches de ceux du XIXe siècle, les trois quarts de la population active sont agricoles, l'alimentation forme la plus grande partie de la consommation totale et est pour moitié composée de pain et de pommes de terre, il faut huit heures de travail pour acheter un poulet. En 1975, à Cessac, le pendant « moderne » du Madère évoqué par Fourastié, « éclatent les traits majeurs du "développement économique" et du haut niveau de vie » : seul un quart de la population est agricole, le groupe dominant est tertiaire, la circulation automobile est intense, le niveau de vie est quatre à cinq fois plus élevé qu'à Madère, il ne faut que quarante-cinq minutes de travail pour acheter un poulet.

L'économiste Angus Maddison, qui a reconstitué les taux de croissance des pays du monde entier depuis l'an 1, a décrit la même chose pour l'ensemble du monde : entre 1950 et 1973 s'est développé ce qu'il qualifie d'âge d'or, une période pendant laquelle le PIB mondial a progressé de près de 5 % par an. Selon l'économiste, le revenu réel par habitant a progressé de 2,1 % par an contre 0,9 % entre 1820 et 1950 et 0,005 % entre 1500 et 1820. Il a donc augmenté 42 fois plus vite qu'à l'époque protocapitaliste et plus de deux fois plus rapidement que pendant les treize premières décennies de l'époque capitaliste.

Ce miracle s'est traduit, pour les pays concernés, par la sortie de la misère, le développement de la société de consommation, la baisse de la mortalité, des progrès remarquables de la médecine, l'augmentation du taux d'équipement des ménages, la démocratisation de la voiture, le développement d'équipements publics… Il a été particulièrement soutenu, en France, certes par les aides financières américaines mais aussi par deux institutions remarquables : le Plan et la comptabilité nationale. Grâce au Plan, dès 1946, la production est organisée autour de six secteurs de base : énergie, sidérurgie, transports, agriculture, matériaux de construction, machinisme agricole. Jean Monnet, alors commissaire général au Plan, était catégorique : « Nous n'avons pas le choix. La modernisation n'a d'autre alternative que la décadence. » La même année, des progrès essentiels sont réalisés en matière de comptabilité nationale. Loin de n'être qu'un simple dispositif technique chargé d'enregistrer les activités économiques, celle-ci permet, suggère Fourquet, « de calculer les prix de revient de la production de la nation conçue comme une seule entreprise ». C'est-à-dire, « de calculer sa puissance productive par rapport à ses partenaires et à ses rivales ». La comptabilité nationale, ce système dont l'agrégat essentiel est le fameux PIB, est donc le nouveau cadre cognitif qui permet à la fois d'interpréter la réalité comme si la question essentielle était celle du volume de la production et de la valeur ajoutée par la nation chaque année et, de façon performative, d'inciter à son augmentation.

Mais alors, si ce taux de croissance fantastique se traduit par tant de merveilles, comment s'explique-t-il ? La comptabilité nationale peut-elle nous aider à le comprendre ? Tout l'ouvrage de Fourastié, comme celui de Maddison, vise à l'expliquer. La cause première de la croissance, selon les deux économistes, c'est l'augmentation de la *productivité*. On produit infiniment plus en une heure de travail en 1975 qu'en 1946, parce que l'organisation du travail a changé, et parce que l'on dispose de plus de moyens techniques pour aider, démultiplier ou remplacer le travail humain. C'est donc le progrès technique qui constitue le cœur de l'augmentation de la productivité et de la croissance. Mais alors, à nouveau, de quoi celui-ci dépend-il ? Selon Fourastié, « sa cause fondamentale – en Occident depuis deux cents ans et par imitation de proche en proche dans le monde – est le progrès des *sciences expérimentales*, notamment la physique, la chimie, l'informatique, qui accroît sans cesse les pouvoirs de l'homme sur la nature, en découvrant les propriétés de cette nature et en les utilisant au bénéfice de l'homme ».

L'expression est claire. Elle nous invite à renouer avec l'ambition qui s'est exprimée dès le XVIIe siècle par la voix de Descartes qui proposait à l'humanité de « se rendre comme maîtres et possesseurs de la nature » ou de Bacon qui, dans *La Nouvelle Atlantide*, rappelait qu'il s'agit « de connaître les causes, et le mouvement secret des choses ; et de reculer les bornes de l'empire humain en vue de réaliser toutes les choses possibles ». Mais surtout elle met en évidence les conditions à partir desquelles la croissance peut se développer : usage intensif des engrais (à Cessac, en 1976, on utilise au maximum les engrais chimiques) ou de l'énergie mécanique notamment. Tentant d'expliquer la supériorité de Cessac en matière de productivité agricole, Fourastié écrit ainsi : « Ce fait presque incroyable ne s'explique ni par des différences dans la nature du sol ni par des différences climatiques ; elle tient à la technique agronomique, à l'utilisation de l'énergie mécanique (énorme utilisation de pétrole et d'électricité à Cessac), de machines puissantes (40 forts tracteurs à Cessac, deux minables à Madère), d'engrais… »

La messe est dite : cette croissance qui fait tant de merveilles suppose une mise en coupe réglée de la nature, une exploitation sans limites des ressources naturelles, l'usage intempestif d'énergie et de produits chimiques, tous éléments qui vont contribuer à jeter le soupçon sur la croissance.

Les dégâts de la croissance

Certes, la croissance est porteuse d'immenses bienfaits et nul ne peut nier les extraordinaires progrès qu'elle a permis à l'humanité de réaliser. Mais ses dégâts sont également évidents et ne vont pas tarder à être mis en lumière. C'est en effet durant les Trente Glorieuses elles-mêmes que les critiques se déploient. Dès 1957, Bertrand de Jouvenel souligne les insuffisances de la comptabilité nationale et du PIB pour rendre compte du progrès social. Il est un des premiers à souligner les limites du PIB et à s'interroger sur les usages qui ont été faits de la croissance : « Étant donné le surcroît de puissance dont nous avons disposé, l'existence des hommes a été moins améliorée que ne l'aurait imaginé un homme d'autrefois : il s'attendrait à ce que la richesse de la civilisation fût annoncée par la beauté des villes et le langage des citoyens. Un homme du XVIIIe siècle aurait pensé à la beauté du cadre de vie, à la diffusion de la culture, à l'augmentation de la participation à la vie intellectuelle, artistique, civique », écrit-il.

Quelques années plus tard, l'historien Lynn White s'interroge sur les raisons pour lesquelles l'humanité a réussi le tour de force de souiller son habitat plus rapidement que toute autre espèce. Mettant en accusation la Genèse, qui aurait exigé des humains de dominer et d'assujettir les autres espèces, il considère que la religion judéo-chrétienne, la plus anthropocentrique que le monde ait connue, a joué un rôle majeur. S'ouvre aussi le procès du progrès et de la société de consommation. Jean Baudrillard renoue avec la critique de Thorstein Veblen qui, dès 1899, avait mis en évidence le processus illimité qui nous pousse à consommer toujours plus : la consommation ostentatoire. Loin d'être le moyen de satisfaire nos besoins naturels, qui peuvent être rapidement comblés, la consommation est un langage qui nous permet de nous affilier à un groupe ou de nous distinguer. Dès lors, son expansion est infinie. Et l'humanité se retrouve alors écrasée sous une production monstrueuse, mal répartie, qui gaspille l'énergie, abuse des produits chimiques, multiplie l'usage du pétrole et du plastique, exige dans toutes les sphères de la société des rendements de plus en plus élevés.

Mais c'est en 1972 que le coup le plus dur est porté. Dans *The Limits to Growth*, l'équipe formée autour de Donella et Dennis Meadows démontre que, si nous continuons à produire et consommer *as usual*, l'humanité connaîtra un effondrement avant la fin du XXIe siècle. Nous épuisons les ressources naturelles, nous polluons, nous amoindrissons les rendements des sols. La démonstration est implacable. Le rapport obtient une audience mondiale. Mais sa réception par les économistes et les politiques est édifiante. Une partie des économistes, conduits par William Nordhaus – le futur récipiendaire du prix de la Banque de Suède en économie –, décrédibilise complètement le rapport en soutenant que celui-ci défend une conception désuète des relations entre l'humanité et la nature et oublie que les ressources sont substituables : si une ressource naturelle vient à manquer, on en trouvera toujours une autre, la dégradation du capital naturel pouvant être compensée par l'augmentation du capital humain : le génie humain est infini.

Mieux, alors que le vice-président de la Commission européenne, Sicco Mansholt, sort bouleversé de la lecture des bonnes feuilles de ce rapport et propose, en février 1972, un programme complet de bifurcation écologique pour l'Europe, presque toute la classe politique lui reproche de mettre en cause la croissance et de plaider pour une croissance zéro, voire négative.

Cinquante ans plus tard, les dégâts de la croissance ont été plus que confirmés. La période est désormais qualifiée de « Grande Accélération » par les spécialistes qui mettent clairement en évidence le lien entre la dégradation du système Terre et la croissance. Ce que Fourastié avait déjà mis en lumière – sans cependant s'en inquiéter – s'est répandu de façon exponentielle : la civilisation de la voiture, du plastique, de l'énergie dilapidée, des embouteillages, de la production inutile, du gaspillage, de la pollution mais aussi des relations inauthentiques, de la domination de la technique, de la pression que l'obsession de productivité fait peser sur le travail. Une des conséquences majeures de cette société productiviste, c'est en effet la dégradation des conditions de travail sur lequel pèsent des exigences de plus en plus fortes.

Comme l'ont montré les auteurs d'*Une autre histoire des « Trente Glorieuses »*, le verso de la médaille mérite d'être mis en lumière. Ce que les critiques des années 1970 n'avaient pas encore complètement compris, c'était le rôle majeur joué par les émissions de gaz à effet de serre, désormais démontré. Les taux de croissance fabuleux se sont donc accompagnés de dégâts immenses qui se traduisent aujourd'hui par un risque majeur d'inhabitabilité de la Terre. N'est-il dès lors pas urgent de revoir notre addiction et de rompre avec la « mystique de la croissance » ?

Vers une société postcroissance

La croissance telle que nous la connaissons depuis les années 1950 s'est accompagnée de pollutions, du pillage des ressources naturelles, de dégradations des sols et d'émissions de gaz à effet de serre records. Aurait-il pu en aller autrement ? Ou pourrait-il en aller autrement dans le futur ? C'est ce que suggèrent notamment toutes celles et ceux qui défendent l'idée que nous devrions rompre avec la croissance brune (sale) pour promouvoir une croissance verte (propre). Cela suppose de pouvoir « découpler » la croissance de ses dégâts et donc de développer un modèle de production capable de faire appel le moins possible aux énergies fossiles. Selon un certain nombre d'études, un découplage absolu serait néanmoins très peu probable, et dans tous les cas, difficile à obtenir sans l'utilisation de technologies de rupture dont les effets sont méconnus. Et si un certain découplage relatif est bien constaté et qu'on produit désormais un point de PIB avec moins d'émissions de CO_2, la croissance du PIB continue de s'accompagner d'une empreinte matérielle identique.

Il semble donc déraisonnable de faire un tel pari. Mais il semble également déraisonnable de continuer à utiliser, pour mesurer les progrès de nos sociétés, un indicateur aussi limité que le PIB. Certes, il nous a été et continue de nous être d'une grande utilité pour mesurer les évolutions de l'activité économique et faire des comparaisons entre pays. Mais ses insuffisances sont telles qu'il nous faut aujourd'hui sinon le remplacer, au moins relativiser son usage. En effet, le PIB compte pour zéro les activités domestiques et familiales, essentielles à la reproduction de la société et à son bien-être ; il n'est pas affecté par les inégalités de consommation ou de production ; il considère toute production comme « positive », quelle que soit l'utilité ou la toxicité de celle-ci, et surtout il n'est pas fait pour rendre compte des évolutions du patrimoine naturel ou de la cohésion sociale. Baudrillard parlait déjà, dans *La Société de consommation*, de la mystique du Produit national brut :

> La mystique du PNB : nous parlons là du plus extraordinaire bluff collectif des sociétés modernes, d'une opération de magie blanche sur les chiffres, qui cache en réalité une magie noire d'envoûtement collectif. Rien n'entre là que les facteurs visibles et mesurables selon les critères de la rationalité économique : certaines choses n'y entrent pas, d'autres juste parce qu'elles sont mesurables. Elles ne connaissent pas le signe négatif, elles additionnent tout : toute chose produite est sacralisée par le fait même de l'être ; toute chose produite est positive, toute chose mesurable est positive.

Il importe donc non seulement de relativiser l'usage du PIB mais aussi d'utiliser d'autres indicateurs susceptibles, eux, de nous donner des informations sur ces patrimoines critiques qui nous importent essentiellement.

Je travaille sur ces questions depuis la fin des années 1990 avec mes collègues Jean Gadrey et Florence Jany-Catrice. Nous proposons que soient adoptés d'autres « indicateurs de richesse » capables de nous éclairer sur les évolutions essentielles de nos sociétés et de cerner d'autres dimensions du progrès. Techniquement parlant, il s'agirait d'enserrer en quelque sorte le PIB (donc la production) dans deux autres indicateurs : l'empreinte carbone et l'Indice de santé sociale (construit par Florence Jany-Catrice et son équipe), c'est-à-dire de faire en sorte que la production soit réalisée sous contrainte du respect des limites planétaires et de la cohésion sociale. Une manière drastique, donc, de faire en sorte que la production soit subordonnée à la satisfaction des besoins de tous et non déterminée par la soif de profit de quelques-uns qui ne ruisselle jamais.

Est-ce à dire que nous devons rompre avec la croissance et devenir décroissants ? Je n'utilise pas ce terme, d'une part, parce qu'il peut mettre très mal à l'aise toutes celles et ceux qui n'ont pas le minimum pour vivre dignement, et d'autre part, parce que adopter comme objectif la décroissance, c'est finalement rester prisonnier du cadre cognitif et du modèle de développement qui me semble devoir être remis en cause.

C'est donc bien avec l'imaginaire, les représentations et les pratiques des Trente Glorieuses que nous devons rompre. Continuer à croire au progrès suppose de dissocier celui-ci de sa trop grande proximité avec la croissance. Comme l'assurait déjà John Stuart Mill en 1848 lorsqu'il écrivait que « c'est seulement dans les pays arriérés que l'accroissement de la production a encore quelque importance : dans ceux qui sont plus avancés, on a bien plus besoin d'une distribution meilleure », il peut y avoir du progrès sans croissance. Plus récemment, Tim Jackson a soutenu de manière convaincante que l'on peut avoir de la prospérité sans croissance. Mais engager nos sociétés dans la reconversion écologique suppose de nombreuses ruptures. Il nous faut en finir avec la représentation d'un humain supérieur à la nature (et donc réencastrer les humains dans le reste de la nature, mettre en évidence les interdépendances) ; abandonner le paradigme de l'exploitation et de la conquête (et développer un paradigme du « prendre soin » de notre terre) ; rompre avec l'impératif d'abondance lorsqu'il se traduit par la seule augmentation des quantités et pas des qualités (« le kilo, le quintal et la tonne ne sont pas l'unique mesure de la valeur nutritive des récoltes : les produits issus d'un sol fertile peuvent être supérieurs, d'un point de vue qualitatif aussi bien que quantitatif », écrivait Aldo Leopold).

Bien sûr, il n'est pas question de blâmer ni les auteurs des siècles passés qui ont promu l'amélioration des conditions de vie, ni les bâtisseurs des sociétés des Trente Glorieuses qui ont transformé la vie des générations suivantes. La croissance a sorti des millions et même des milliards de personnes de la pauvreté durant les Trente Glorieuses, et depuis. Il est difficile de reprocher à l'ensemble de l'humanité, ou même à une toute petite partie d'entre elle, d'avoir voulu pousser les feux de la production – et du profit. Il n'est pas question non plus de cesser de produire, d'améliorer les conditions de vie de tous, de permettre à chacun d'accéder à un niveau de vie décent. Mais l'imaginaire du toujours plus, de la satisfaction toujours différée, de la sollicitation permanente des désirs par la publicité, d'un capitalisme débridé qui sape la possibilité d'un développement humain pour tous – n'est plus celui qui convient à notre temps.

Sans changer nos représentations, nos valeurs, nos cadres cognitifs, il ne nous sera pas possible de mettre en place les politiques qui devraient nous permettre de reconstruire nos économies, de produire et de consommer autrement, de mettre la sobriété au cœur de nos pratiques. L'effort à consentir est majeur : car il nous faut renouer avec des valeurs et des pratiques qui ont longtemps été considérées comme des vertus mais qui ne le sont plus. Tout au long de l'Antiquité et du Moyen Âge, dans la pensée grecque et chrétienne, la tempérance était une vertu essentielle, individuelle et collective. Le XVIIIe siècle a été le théâtre d'un bouleversement des valeurs, et du début de la promotion du produire et consommer toujours plus. Il n'est que de se souvenir de *La Fable des abeilles* de Mandeville. C'est aujourd'hui avec la modération que les pays les plus développés doivent renouer pour produire et consommer de manière parcimonieuse en poursuivant l'objectif de satisfaire les besoins de tous.

Alors à quoi ressemblerait cette société postcroissance ? Je l'imagine d'abord plus sobre, c'est-à-dire plus attentive à la manière dont les produits sont fabriqués, au caractère précieux des matériaux, du sol et du travail humain mobilisés dans le processus de production. Nous avons perdu, ces trente dernières années, une large partie de notre potentiel productif. Il nous faut le redévelopper mais dans le sens exactement inverse de celui des Trente Glorieuses. Alors que Jean Fourastié et Alfred Sauvy (avec la fameuse théorie du « déversement ») se réjouissaient de voir la population agricole diminuer et le secteur tertiaire croître, nous avons besoin de remettre des gens, de l'activité et de la production dans l'agriculture, dans l'artisanat, dans la production et la réparation.

L'agriculture biologique, libérée des produits chimiques cancérigènes et de l'occupation de surfaces dédiées à des productions inutiles, est plus intensive en main-d'œuvre que l'agriculture traditionnelle. Elle pourrait donc occuper un plus grand nombre de personnes qui travailleraient sur des exploitations plus petites que celles qui existent et garantir à la fois une alimentation de qualité, la production de plantes utiles à l'industrie (lin, chanvre…), la sauvegarde de la qualité des sols, de moindres émissions de gaz à effet de serre et un travail moins dépourvu de sens.

Nous avons aussi besoin de développer des lieux de production et de réparation de proximité, à la ville et à la campagne. Cela ne signifie ni un retour à l'agriculture d'antan ni la fin des échanges internationaux, mais de nouveaux rapports entre villes et campagnes, avec des villes renaturalisées, des ateliers de fabrication et de réparation disséminés au cœur et aux marges de celles-ci, des ceintures maraîchères autour de chaque ville, et une production moins dépendante des flux commerciaux internationaux et plus branchée sur les territoires de proximité.

Nous avons besoin de relocaliser notre industrie et de remettre de l'activité dans des entreprises capables de mieux satisfaire les besoins de tous et notamment ceux des classes populaires : il est par exemple tout à fait possible de fabriquer en France des petits véhicules légers et peu chers, mais aussi des éoliennes, des panneaux solaires, de l'équipement ménager, des pièces de réparation et toutes sortes de choses. Un tel processus, en plus de permettre le développement de l'emploi, pourrait s'accompagner d'une profonde transformation du travail. Un travail moins dépendant de la pression à l'hyperrentabilité, mais axé sur la qualité, réalisé dans des entreprises moins internationalisées et de moindre taille, soumises à des règles sociales et environnementales strictes, visant non plus à augmenter la valeur pour l'actionnaire mais soumises aux décisions stratégiques d'une gouvernance dans laquelle les salariés auraient toute leur place.

Pour réussir cette transformation, il nous faudra suivre les recommandations que Sicco Mansholt avait faites il y a plus de cinquante ans : protéger les entreprises européennes de la concurrence déloyale étrangère, renouer avec la politique industrielle et l'aménagement du territoire, ramener l'essentiel de la production dans les pays européens et organiser une solidarité entre ces derniers. Mais on voit déjà les immenses bénéfices d'une telle reconversion : plus d'emplois, la désintensification d'un travail désormais plus utile et plus intéressant – sinon moins pénible –, une production plus saine et tournée vers la pleine santé, une économie plus lente, moins tournée vers la concurrence et la production de produits toxiques, une réconciliation des villes et des campagnes, des modes de vie plus sobres et sans nul doute moins inégalitaires.

Alors que les travaux scientifiques les plus récents mettent en évidence que le changement climatique se produit beaucoup plus rapidement que prévu et que la plupart des modèles climatiques contiennent des hypothèses qui ne sont pas valables dans le monde réel, il est grand temps que les responsables politiques abandonnent les suppliques qui implorent le retour de la croissance. Il nous faut entrer aujourd'hui dans l'ère du suffisant.

Un monde sans limite ?

François Gemenne

En 1962 paraissait dans le grand magazine américain *Life* une étonnante publicité pour Humble, l'une des principales compagnies pétrolières de l'époque : on y voyait la banquise, photographiée depuis l'océan, et on y lisait surtout ce slogan, en anglais : « Chaque jour, Humble fournit suffisamment d'énergie pour faire fondre 7 millions de tonnes de glaciers. » Cette image, qui apparaît aujourd'hui comme une des rares publicités non mensongères de l'Histoire, nous fait évidemment rire jaune. Mais elle constitue un vibrant témoignage de notre rapport à l'environnement dans les Trente Glorieuses : celui d'un aveuglement coupable.

La conscience du problème était déjà là, pourtant. Très tôt, on s'est rendu compte de la nécessité de protéger paysages et espèces en danger : le parc national de Yellowstone est créé aux États-Unis en 1872, et le premier traité de réglementation de la chasse à la baleine est signé dès 1946. Les Trente Glorieuses marquent, cela dit, des progrès importants dans nos connaissances du système climatique. Les premiers travaux sur le sujet sont anciens – le physicien français Joseph Fourier identifie le mécanisme de l'effet de serre dès 1824.

Ce sont véritablement dans les années 1950 que les progrès scientifiques s'accélèrent : à l'Observatoire de Mauna Loa, à Hawaï, on réalise les premières mesures de l'évolution du taux de concentration de gaz à effet de serre dans l'atmosphère. Et ce taux augmente très rapidement : alors qu'il était resté relativement constant pendant des milliers d'années, autour de 280 parties par million (ppm), il grimpe désormais en flèche, et les scientifiques états-uniens font part de leurs inquiétudes à l'administration. Le 8 février 1965, deux semaines seulement après sa seconde inauguration, le président Lyndon Johnson devient le premier président des États-Unis à évoquer officiellement la menace du changement climatique. La même année, il reçoit un rapport de son conseil scientifique, qui alerte à nouveau sur la hausse des concentrations de dioxyde de carbone dans l'atmosphère. Le rapport note aussi que d'ici à quelques années, il existera des modèles climatiques qui seront capables de prédire exactement la hausse de la température terrestre associée à l'augmentation du taux de dioxyde de carbone dans l'atmosphère. Et déjà, il égrène la liste des impacts associés au changement climatique : la fonte des glaces polaires, la hausse du niveau des mers, l'augmentation de l'acidité des océans… Le Giec (Groupe d'experts intergouvernemental sur l'évolution du climat) ne sera pourtant constitué que vingt-trois ans plus tard, mais le rapport remis à Johnson se lit déjà comme un rapport du Giec avant la lettre.

Parallèlement, les travaux sur la biodiversité ou les communs se développent également au cours des Trente Glorieuses. En 1962, la zoologue Rachel Carson publie *Printemps silencieux*, cri d'alerte sur les ravages des pesticides industriels contre la biodiversité agricole. Le retentissement du livre fut tel qu'il aboutit dans les années 1970 à l'interdiction du DDT, un des principaux pesticides mis en cause dans le livre. C'est également dans les années 1960 que paraît un autre texte fondateur de l'écologie : *La Tragédie des biens communs*, un article de l'écologue – et par ailleurs suprémaciste blanc – Garrett Hardin, qui a joué un rôle majeur dans le développement de l'économie environnementale.

En 1968, la mission Apollo 8 effectue le premier vol en orbite lunaire, et les astronautes réussissent à prendre une photographie qui va marquer les esprits : on y voit la Terre qui se lève derrière la Lune, et qui apparaît dans toute sa majesté, mais aussi toute sa fragilité, au milieu d'un noir complet. À l'évidence, il n'y a nulle autre planète habitable alentour, et la Lune, seul astre céleste accessible, ne pourra évidemment pas servir de refuge si la Terre devait un jour cesser d'être habitable : il n'y a pas de planète B. L'époque n'était pas aussi habituée qu'aujourd'hui aux photographies de notre planète prises depuis l'espace, et celles-ci ont eu un rôle majeur dans la prise de conscience écologique qui a éclos quelques années plus tard.

Les Trente Glorieuses se referment donc avec cette prise de conscience qui survient, paradoxalement, grâce aux progrès scientifiques de l'époque, qui ont documenté les dégradations de l'environnement caractéristiques de la période.

La Grande Accélération

À partir de 1950, malgré les alertes scientifiques, tout s'accélère. La population comme la richesse mondiale explosent, et les indicateurs environnementaux s'affolent. En trente ans, la population mondiale augmente de plus de 50 %, de 2,4 milliards d'individus en 1945 à 3,9 milliards en 1973. Le PIB mondial, quant à lui, triple sur vingt ans, passant de 5 000 milliards de dollars en 1950 à 15 000 milliards en 1970. Les consommations d'eau, d'engrais et d'autres ressources croissent au même rythme. Et surtout, la consommation d'énergie explose. En 1900, le monde consommait environ 12 000 TWh (térawattheure) d'énergie, répartis à peu près également entre la biomasse et le charbon. En 1950, c'était 28 000 TWh : principalement du charbon (12 000 TWh), mais aussi du bois et du pétrole. En 1973, on était passé à 76 000 TWh : principalement du pétrole (33 000 TWh), du charbon (18 000 TWh) et du gaz (11 000 TWh). Les Trente Glorieuses ont multiplié par trois la consommation d'énergie. Et la courbe ne s'est que très légèrement infléchie depuis : nous consommons désormais 183 000 TWh, qui sont toujours répartis essentiellement entre le pétrole, le charbon et le gaz : malgré l'apparition des énergies renouvelables et nucléaire, rien n'a fondamentalement changé : celles-ci ne représentent encore guère, malgré leurs progrès technologiques spectaculaires, que 11 % et 4 % du mix énergétique mondial.

Et logiquement, cette accélération subite se traduit également dans les indicateurs environnementaux, qu'il s'agisse de la quantité d'azote dans les sols et les océans, de la destruction de l'ozone stratosphérique ou de la surpêche. Mais c'est l'évolution du taux de concentration de dioxyde de carbone dans l'atmosphère qui est certainement le marqueur le plus spectaculaire de cette Grande Accélération : alors que ce taux de concentration était resté relativement stable, autour de 280 ppm (parties par million), pendant des milliers d'années, la révolution industrielle du XIXe siècle lui fait connaître une première augmentation. Mais ce sont les Trente Glorieuses qui le font grimper en flèche : de 310 ppm en 1950 à 325 ppm en 1970. Le rythme ne s'est plus infléchi depuis : nous sommes désormais autour de 425 ppm.

Le caractère cumulatif du changement climatique en fait un problème générationnel, où les *boomers* sont souvent convoqués à la barre des accusés. Le procès du changement climatique apparaît souvent comme celui du mode de vie des Trente Glorieuses, ce qui peut expliquer certaines réactions virulentes des *boomers* à l'encontre des jeunes militants pour le climat. Très clairement, c'est durant les Trente Glorieuses que le changement climatique a pris la dimension qui est la sienne aujourd'hui, même si la courbe ne s'est pas infléchie depuis. Si l'emballement du système climatique ne s'est pas arrêté, c'est largement parce que nous restons prisonniers des logiques productivistes et consuméristes qui se sont imposées à partir de là. Il y a donc là une forte dimension intergénérationnelle, qui est évidemment une difficulté centrale dans la décarbonation : la génération qui a créé le problème n'est pas celle qui devra le résoudre – c'est-à-dire la nôtre –, et celle qui devra le résoudre n'est pas non plus celle qui en verra les résultats. Tant que nous n'aurons pas atteint la neutralité carbone au niveau mondial, les concentrations de gaz à effet de serre dans l'atmosphère continueront à augmenter, et les températures continueront donc aussi à grimper. À la COP 28 de Dubaï, en 2023, les gouvernements se sont collectivement engagés à atteindre cette neutralité carbone au plus tard en 2050 : si nous tenons cet objectif, la Grande Accélération du changement climatique, et sa décélération, se seront donc tenues sur un siècle.

Ce qui est violemment mis en cause aujourd'hui dans le modèle des Trente Glorieuses, ce n'est pas tant leur recours intensif aux énergies fossiles que leur totémisation de la production et de la consommation. On peut aisément faire l'hypothèse que les privations de la Seconde Guerre mondiale ont joué un rôle crucial dans la sacralisation de la consommation. L'attachement à la production, quant à lui, s'explique aussi par des raisons géopolitiques, et se traduit par la prédominance du PIB comme indicateur macroéconomique.

Au cours de la Seconde Guerre mondiale, le PIB s'est installé comme indicateur de référence : à l'époque, l'économie des pays industrialisés est tout entière réorientée vers la production d'armement. Le PIB devient alors non seulement un indicateur de production économique, mais aussi de puissance militaire : plus les Alliés produisent de l'armement, plus leurs chances de victoire augmentent. Il ne s'agit pas seulement de mesurer la production, il s'agit aussi de mesurer les forces en présence. La relance de l'Europe via le plan Marshall a définitivement contribué à populariser l'indicateur, qui impose de ce fait une association indéfectible entre la croissance et la prospérité d'une économie. Et l'adoption de l'indicateur par l'URSS l'a installé comme un instrument clef de la guerre froide : en même temps que les deux puissances font la course à la Lune, elles font aussi la course au PIB. Le PIB n'est pas, n'est plus seulement un indicateur économique, il devient définitivement un indicateur géopolitique.

L'imperfection du PIB en tant qu'indicateur du bien-être d'une population ou de la prospérité est pourtant pointée dès ses débuts, notamment par l'économiste Simon Kuznets, qui fut pourtant l'un de ses concepteurs. La critique est éloquemment formulée par Robert F. Kennedy en mars 1968, dans un discours de campagne à l'université du Kansas :

> Notre produit national brut [...] compte la pollution atmosphérique et la publicité pour les cigarettes, ainsi que les ambulances qui nettoient nos autoroutes du carnage. Il compte les serrures spéciales pour nos portes et les prisons pour les personnes qui les brisent. [...] Pourtant, le produit national brut ne tient pas compte de la santé de nos enfants, de la qualité de leur éducation ou de la joie de leurs jeux. Il ne tient pas compte de la beauté de notre poésie ou de la solidité de nos mariages, de l'intelligence de notre débat public ou de l'intégrité de nos fonctionnaires [...] il mesure tout en somme, sauf ce qui donne un sens à la vie. Et il peut tout nous dire sur l'Amérique, sauf pourquoi nous sommes fiers d'être américains.

Bien des années plus tard, de nombreux pays ont essayé de trouver une alternative au PIB en tant qu'indicateur, et notamment des indicateurs de bien-être, ou de bonheur. Mais c'est la France qui a produit sans doute la réflexion la plus aboutie sur le sujet, avec « les nouveaux indicateurs de richesse » publiés annuellement par l'Insee, à la suite des recommandations de la commission présidée par les économistes Amartya Sen, Joseph Stiglitz et Jean-Paul Fitoussi, et mise en place par le président Sarkozy en 2009. Ces nouveaux indicateurs incluent notamment le taux d'emploi, l'effort de recherche, la satisfaction dans la vie ou les inégalités, mais aussi des indicateurs environnementaux comme l'artificialisation des sols ou l'empreinte carbone.

D'une certaine manière, les Trente Glorieuses étaient incarnées par des indicateurs quantitatifs : il s'agissait de faire plus. Et l'enjeu, aujourd'hui, si l'on veut sortir de cette période et inventer de nouveaux modèles, consiste sans doute à se doter d'indicateurs qualitatifs : comment passer du « plus » à du « mieux » ?

Mais la critique du PIB ne provient pas seulement de ses imperfections méthodologiques : c'est avant tout la logique de croissance qu'il induit qui est profondément mise en cause, une logique qui va se heurter brutalement aux limites planétaires. En tant qu'indicateur géopolitique, le PIB pousse naturellement à la croissance : un PIB qui stagne, c'est un pays qui s'affaiblit sur la scène internationale. Et si les Trente Glorieuses étaient aussi glorieuses, c'est avant tout parce qu'elles étaient caractérisées par l'idée chimérique d'une croissance sans limites, tant sur le plan démographique qu'économique. Comme le montre bien Dominique Méda dans le chapitre précédent, les préoccupations environnementales se sont largement organisées autour de la notion de limite, contre laquelle la croissance va venir se fracasser. Le rapport du Club de Rome, en 1972, préfigure le paradigme des limites planétaires[1].

En effet, l'intensification de l'urgence écologique, depuis la fin des années 2010, a entraîné une critique de plus en plus virulente de la croissance, et donné logiquement un nouvel

1. Les limites planétaires, définies par une équipe de scientifiques internationale dès 2009, constituent la quantification de neuf (puis dix) seuils à ne pas dépasser pour ne pas compromettre l'habitabilité de la Terre. Quoique le concept ne fasse pas l'unanimité, il est généralement considéré comme un bon indicateur de la détérioration de l'environnement global.

élan aux théories de la décroissance. Il apparaît en effet que les principaux équilibres fondamentaux de la planète ont été rompus dans les Trente Glorieuses, et la génération des *boomers* catalyse les ressentiments d'une partie de la jeunesse, qui lui reproche sa responsabilité, par insouciance ou aveuglement, dans le dépassement des limites planétaires.

Pour autant, et bien que ses limites soient apparues en même temps qu'il se heurtait aux limites planétaires, nous restons profondément prisonniers du modèle des Trente Glorieuses, sans doute parce qu'il incarnait un idéal de progrès. C'est toute la difficulté des politiques écologiques aujourd'hui, qui doivent être des politiques de transformation(s) bien davantage que des politiques de conservation. Rien d'étonnant, dès lors, à ce que ceux qui refusent ces politiques, parfois au prix d'un déni de la science, le fassent souvent au nom d'un retour à une époque fantasmée. Le slogan des trumpistes « *Make America Great Again* » en est un témoignage éloquent. C'est un retour à l'insouciance aveugle qui est demandé, à une époque où le monde était sans limite. Et c'est précisément pour cela que cette nostalgie de l'époque se double souvent d'un déni de la science : il s'agit de refuser de voir l'évidence, littéralement.

Ce n'est qu'au début des années 1970 que l'on s'y est résolu, et que l'on a pris conscience de la nécessité d'organiser une administration publique de l'environnement. À cette époque, la plupart des pays industrialisés se dotent d'un ministère ou d'une agence gouvernementale de protection de l'environnement. Aux États-Unis, Richard Nixon crée en 1970 l'Agence fédérale de protection de l'environnement, l'EPA, et fait voter dans la foulée une série de lois de protection de l'environnement, dont beaucoup sont encore en vigueur aujourd'hui. La protection de l'environnement passe désormais par l'administration et la législation.

En France, le gaulliste Robert Poujade devient en 1971 le premier ministre délégué chargé de la Protection de la nature et de l'environnement. Il en tirera un livre, *Le Ministère de l'impossible*, pour raconter sa frustration devant des arbitrages défavorables, et la difficulté de tenir tête aux pollueurs. Tous ses successeurs feront le même constat, qui amènera même certains, comme Nicolas Hulot, à démissionner bruyamment. Surtout, René Dumont devient en 1974 le premier candidat écologiste à l'élection présidentielle, avec Brice Lalonde, futur ministre de l'Environnement, comme directeur de campagne. Le résultat est modeste : 1,32 % des suffrages. Mais l'écologie politique est née. Parallèlement, on prend aussi conscience de la globalité de l'environnement, et de la nécessité d'une coopération internationale pour la préservation des ressources. L'administration publique de l'environnement ne suffit pas : il faut aussi organiser la coopération internationale. Les Nations unies convoquent à cette fin une conférence sur l'environnement à Stockholm en 1972, la première d'une série de Sommets de la Terre, organisés tous les dix ans.

Mondialisation des problèmes

La fin des Trente Glorieuses annonce aussi une multiplication d'accidents industriels, comme si la machine productiviste était devenue folle. C'est d'abord la marée noire du *Torrey Canyon*, en 1967, qui débouche sur la création d'un cadre juridique pour encadrer les interventions en haute mer contre les marées noires. L'accident de Seveso, en 1976, qui entraîna la contamination de toute une région, donne lieu en 1982 à la directive européenne du même nom, qui vise à renforcer la sécurité des sites industriels dangereux. En 1979, l'accident à la centrale nucléaire de Three Mile Island, en Pennsylvanie, marque l'arrêt de la construction de nouvelles centrales aux États-Unis, et joue un rôle fondateur dans le mouvement antinucléaire en Europe. Cinq ans plus tard, l'explosion d'une usine de pesticides à Bhopal, en Inde, cause des milliers de morts et reste à ce jour considérée comme la catastrophe industrielle la plus grave de l'histoire. Et enfin la catastrophe de Tchernobyl, en 1986, marque durablement les esprits en raison des contaminations transfrontalières à la radioactivité.

Ces catastrophes industrielles s'accompagnent de progrès scientifiques notables, qui concernent d'abord le trou dans la couche d'ozone. Dans les années 1960, on découvre l'existence d'un trou de plus en plus grand dans la couche d'ozone, causé par des gaz à effet de serre utilisés dans les systèmes de réfrigération et les aérosols : les chlorofluorocarbures, ou CFC. Dans les années 1980, ce trou devient un véritable enjeu de santé publique, puisque la couche d'ozone protège la Terre de rayonnements solaires ultraviolets, qui génèrent des cancers de la peau. C'est le problème environnemental majeur des années 1980, et les gouvernements s'accordent en 1987 sur le Protocole de Montréal, qui vise à réduire puis à supprimer l'usage des CFC dans l'industrie.

Ce même Protocole de Montréal a eu une grande influence lorsqu'il s'est agi de traiter un problème environnemental global : le changement climatique. Les travaux de modélisation du système climatique, mis au point dans les années 1970, permettent désormais de prévoir quelques-uns des impacts de ce qu'on appelle encore le réchauffement global. Les rapports scientifiques succèdent aux conférences internationales, mais sans provoquer de véritable réaction des gouvernements. Les scientifiques comprennent rapidement qu'une réaction politique ne pourra avoir lieu tant qu'un rapport scientifique n'établira pas un consensus sur le sujet : le Giec est créé en 1988, et produit son premier rapport d'évaluation en 1990. Deux ans plus tard, à Rio en 1992, le Sommet de la Terre produit trois conventions-cadres sur les trois grands problèmes environnementaux de l'époque : la désertification, la biodiversité et bien sûr le climat. En 1997, le Protocole de Kyoto, largement inspiré du Protocole de Montréal, est le premier traité international à imposer des limites impératives aux émissions de gaz à effet de serre. L'environnement s'est globalisé : il faut désormais le réguler par une gouvernance mondiale – les administrations publiques nationales ne suffisent plus.

L'anthropocène comme principe de gouvernement

Si les Trente Glorieuses sont parfois regardées comme une époque où tout paraissait plus simple, ce n'est pas du tout le cas dans les milieux écologistes. Au contraire, en matière d'environnement, les Trente Glorieuses apparaissent surtout comme l'époque où tout a basculé. L'aveuglement quant aux impacts des activités humaines sur l'environnement fait figure d'inconscience, et c'est vrai qu'on ne peut qu'être frappé du contraste entre l'insouciance environnementale des Trente Glorieuses et la multiplication des initiatives politiques de protection de l'environnement entre 1970 et 1972 : comme s'il s'agissait de rattraper trente ans d'errances environnementales en l'espace de trois ans. Au point que l'on peut sérieusement formuler l'hypothèse que c'est la prise de conscience subite de notre empreinte environnementale, davantage que le premier choc pétrolier, qui a mis fin à la récréation des Trente Glorieuses.

Tout se passe comme si, de la fin de la Seconde Guerre mondiale au début des années 1970, on avait prétendu que la Terre et le monde constituaient deux entités distinctes et autonomes, sans aucune influence l'une sur l'autre : la Terre était réduite à l'astre céleste sur lequel nous habitions, gouvernée par les lois des sciences naturelles, tandis que le monde était l'organisation sociopolitique de la Terre, gouverné quant à lui par les lois des sciences humaines et sociales.

Les géologues ont commencé à plancher sur le concept d'anthropocène dans les années 2000 : ils définissaient cette nouvelle époque géologique, l'âge des Humains, comme une époque caractérisée par le fait que les humains étaient devenus les principales forces de transformation de la planète, dont l'empreinte était désormais visible dans les couches sédimentaires de la Terre. Et quand ils ont cherché à dater l'anthropocène, qui succédait à l'holocène, qui avait duré environ 12 000 ans, beaucoup estimaient qu'il fallait situer l'origine de l'anthropocène au moment de la Grande Accélération des Trente Glorieuses, quand le système s'était véritablement emballé.

L'anthropocène, aujourd'hui, reste une notion contestée. Contestée d'abord sur le plan géologique, puisque la Commission internationale de stratigraphie, chargée de définir les époques géologiques, a décidé en 2024, au terme de débats houleux, que les preuves d'une nouvelle époque géologique n'étaient pas encore réunies. Mais contestée également sur le plan politique et axiologique, puisque certains reprochent au concept de placer l'ensemble des hommes et des femmes sur un même pied de responsabilité concernant les transformations de la Terre, alors que la plupart des humains sont victimes, et non agents, de ces transformations.

C'est ainsi qu'il faut plutôt, je crois, envisager l'anthropocène, non pas comme l'explication des dégradations environnementales, mais plutôt comme un nouveau paradigme de gouvernement : celui d'une responsabilité envers tous les humains – et même tous les vivants – au-delà de nos frontières géographiques ou générationnelles. L'anthropocène devient alors un nouveau cosmopolitisme, qui serait à la fois un contrat social fondé sur l'égalité et un antidote à la résurgence actuelle des nationalismes.

Car les Trente Glorieuses étaient certes des années d'un égoïsme irresponsable, mais elles incarnaient une certaine idée du progrès : si l'on veut les dépasser, il importe de savoir par quel modèle les remplacer. Si nous sommes attachés aux Trente Glorieuses, c'est aussi parce que nous savons à quoi nous devrions renoncer, sans pour autant savoir exactement ce que nous allons y gagner. En d'autres termes, nous savons la catastrophe que nous voulons éviter, mais nous n'avons encore qu'une vague idée du monde idéal dans lequel nous voudrions vivre. Et donc nous nous rattachons, logiquement, à celui que nous avons connu.

Mais quel imaginaire peut faire émerger ce nouveau modèle, alors ? Quel imaginaire pour nous faire passer du renoncement contraint à un modèle que nous connaissons déjà au choix éclairé d'un modèle nouveau ? Nous avons hérité d'un modèle qui reposait avant tout sur la satisfaction des désirs individuels. L'enjeu est de faire de l'anthropocène un désir collectif. Force est de constater, pourtant, que ce modèle peine à émerger. La transition écologique était présentée, il y a quelques années encore, comme un nouveau modèle économique en même temps qu'un nouveau contrat social. Mais, au fil du temps, elle est surtout apparue comme une contrainte qui nous tombait sur les épaules, et qui impliquait des efforts, des coûts et des sacrifices, sans que nous parvenions à discerner clairement quels étaient ses bénéfices immédiats. En d'autres termes, nous savons ce à quoi nous devons renoncer, mais nous avons du mal à voir là où nous allons : la nostalgie du passé se heurte frontalement à l'inquiétude pour l'avenir.

Car l'époque est en mal de progrès. La croissance exponentielle des Trente Glorieuses trouvait son moteur dans la certitude que les générations futures auraient un avenir meilleur que les générations présentes. La croissance débouchait sur l'infini des possibles. La prise de conscience écologique brutale des années 1970 a bouché cet horizon et cassé cette certitude, qui a depuis été remplacée par l'écoanxiété et le sentiment que les générations futures avaient en fait été sacrifiées sur l'autel de la jouissance des générations passées. L'enjeu de l'anthropocène consiste simplement à redéfinir ce que peut être le progrès dans un monde fini.

Mais comment faire ? En réalité, la transition écologique, malgré le défaitisme et le scepticisme de beaucoup, est déjà en cours : dans les entreprises, nombreuses sont les initiatives qui visent à faire éclore un nouveau modèle économique. On parle désormais d'entreprises à mission, d'entreprises régénératives, d'économie circulaire ou de postcroissance. Pour l'heure, ces signaux sont encore largement minoritaires, mais ils amorcent un questionnement plus vaste sur le rôle des entreprises, et la définition de la valeur. À cet égard, la nouvelle directive européenne sur les responsabilités sociales des entreprises (CSRD, dans le jargon européen), sous des dehors bureaucratiques, est sans doute, à l'heure d'écrire ces lignes, l'avancée la plus notable en ce sens : dès 2024, les entreprises doivent être comptables de leur impact environnemental et social, et plus seulement de leurs résultats financiers. En d'autres termes, il sera désormais possible de juger la performance des entreprises non seulement à l'aune de leurs résultats financiers, mais également à l'aune d'indicateurs environnementaux et sociaux. C'est un rééquilibrage des plateaux de la balance qui s'amorce : on sort de la logique du « toujours plus ».

Ce nouvel imaginaire, apte à remplacer celui des Trente Glorieuses, viendra peut-être d'en bas, des entreprises, des collectivités et de la société civile, là où la transition s'opère déjà, peu à peu, à bas bruit. Le risque, pourtant, est qu'intervienne une fracture entre les entreprises et la société sur cette question. Si la transition n'est pas également portée politiquement, elle ne pourra pas embarquer la société. C'est là que pourrait émerger le projet d'un nouvel universalisme.

L'enjeu principal soulevé par les questions écologiques au XXIe siècle, c'est de conserver la Terre habitable pour tous. Le changement climatique, comme l'érosion de la biodiversité, nous force à considérer les impacts de nos actions au-delà de nos frontières, que ces frontières soient géographiques, générationnelles ou même biologiques : c'est à l'ensemble du vivant que s'étend notre responsabilité. Cela implique de considérer que nous avons une responsabilité vis-à-vis de ceux qui se trouvent au-delà de nos frontières, et une obligation de les considérer comme nos égaux. Si nous cantonnons la lutte contre le changement climatique ou contre la perte de biodiversité au cadre étroit de nos frontières nationales, alors la transition ne pourra pas advenir.

Car cette transition écologique n'est pas seulement une question d'innovations technologiques ou de modèles économiques : elle interroge les fondements politiques de nos sociétés. Ainsi, la transition des énergies fossiles vers les énergies renouvelables implique aussi une transformation de notre conception de la souveraineté énergétique : nous devons troquer des ressources énergétiques que nous possédons, qui sont circonscrites par nos frontières dans notre sous-sol, contre des énergies qui sont littéralement hors-sol, que nous ne pouvons plus posséder. C'est un bouleversement politique total dans notre rapport à l'énergie, mais aussi – et surtout – dans notre rapport à la souveraineté. Cet imaginaire de l'anthropocène, c'est avant tout celui d'une géopolitique au sens propre, une véritable politique de la Terre qui marque une responsabilité à l'égard de tous les vivants.

Le futur n’est plus ce qu’il était

ÉTIENNE KLEIN

La science est un monopole, non pas à cause d’une mauvaise organisation de l’instruction publique, mais par sa nature même : les profanes n’ont accès qu’aux résultats, non aux méthodes, c’est-à-dire qu’ils ne peuvent que croire et non assimiler.

Simone WEIL

L’espace public, avec ses déclinaisons numériques sous forme de réseaux sociaux, fait désormais étalage d’une très bruyante cacophonie. Il est notamment devenu difficile de se forger un avis éclairé sur les sujets scientifiques ou technologiques, de quelque nature qu’ils soient, tant les avis de ceux qui s’expriment le plus bruyamment sont opposés, simples, lapidaires, définitifs. Cette disparition progressive de l’argumentation, de la nuance, de l’explication patiente, embrouille nos esprits. Elle obscurcit également l’idée même d’avenir.

Lorsque j’étais adolescent (dans les années 1970), les magazines destinés à la jeunesse ne parlaient que de l’an 2000. Ils expliquaient comment les humains allaient se déplacer, travailler, communiquer, se nourrir, se distraire. Le futur était ainsi doublement et clairement « représenté » : d'une part transposé dans le présent même de la jeunesse, d'autre part mis en scène, le plus souvent par le biais de bandes dessinées. L'image ainsi donnée de notre avenir était si crédible et si attractive que certains d'entre nous disaient leur hâte d'être plus âgés. Aujourd'hui, chacun constate que ni 2050 ni 2100 n'ont pareil statut : notre société peine manifestement à construire pour elle-même un horizon projectif ayant une puissance équivalente à celle qu'eut le dernier changement de millénaire.

Il faut dire que, durant les Trente Glorieuses, l'idée de progrès, soutenue par les avancées technologiques, faisait encore rage, alors même que la bombe atomique venait tout juste d'aggraver d'un coup – presque d'un flash – la condition humaine. Cette idée servait de tremplin temporel collectif. L'axe du temps était tracé. Or, on évoque désormais le progrès comme on parle du Tour de France : on dit « le progrès, c'était mieux avant » comme on dit « le Tour de France, c'était mieux avant », sauf que, s'agissant du progrès, la phrase est autocontradictoire : car si progrès il y a eu, cela ne devrait pas pouvoir avoir été mieux avant… Plutôt que d'être le lieu de l'incarnation de l'espoir, l'avenir s'est transmuté en démultiplicateur de peurs.

Dans les années 1990, un événement s'est produit qui symbolise à lui seul ce renversement : le retournement des poussettes, finement analysé par Olivier Rey dans son livre *Une folle solitude* (Seuil, 2006). Avant, l'enfant était transporté dans un face-à-face rassurant avec la personne qui le poussait, en général sa mère, et cette disposition le plaçait dans un rapport affectif permettant sourires, grimaces, gestes de tendresse ou de menace, échange de paroles. Depuis trois décennies, le corps de l'enfant est orienté dans le sens contraire, c'est-à-dire celui de la marche. Il est ainsi poussé face au vide, son regard ne rencontre plus que des passants anonymes, il est laissé à sa solitude. « Ouvert sur le monde et non plus prisonnier du cercle familial », disent ceux qui louent cette innovation, mais en réalité livré à l'inconnu, qui, comme chacun sait, est générateur d'angoisses.

Ce renversement spatial de la locomotion infantile illustre ce qu'est devenu notre rapport au temps, à nous-mêmes, aux autres et à la vérité. Nous n'avons plus d'autre horizon qu'un présent informe, donc troublant. Olivier Rey défend l'idée que ce sont la démocratie et la science qui ont contribué au retournement des poussettes, l'une et l'autre privilégiant un sujet libéré du poids du passé, des entraves traditionnelles, un sujet regardant d'emblée vers l'avant. Afin de nous en convaincre, il retrace dans son ouvrage la longue histoire de l'émancipation de l'individu, partant du présent pour remonter vers l'élan de l'idéal démocratique et du projet scientifique et technique, avant d'en revenir à l'apogée de la technoscience dans lequel nous sommes aujourd'hui : celui de l'individu désorienté, condamné à s'inventer à partir de ses propres forces, de « s'autoconstruire » en somme, et par là même plombé de solitude.

« Progrès » *versus* « innovation »

Simple coïncidence ou relation de cause à effet, c'est au moment où les poussettes se sont retournées que l'usage du mot « progrès », omniprésent dans les discours publics durant les Trente Glorieuses, a commencé à décliner. Il a fini par être remplacé durant la décennie 2000-2010 par le mot « innovation », qui avait commencé de réapparaître dans les années 1980. Ce changement sémantique ressemble à un recroquevillement. N'est-il pas de surcroît le signe que nous ne faisons plus autant confiance à la science, longtemps considérée comme le moteur principal du progrès ?

En 2010, la Commission européenne s'est fixé l'objectif de développer une « Union de l'innovation » à l'horizon 2020. Le document de référence commençait par ces lignes : « La compétitivité, l'emploi et le niveau de vie du continent européen dépendent essentiellement de sa capacité à promouvoir l'innovation, qui est également le meilleur moyen dont nous disposons pour résoudre les principaux problèmes auxquels nous sommes confrontés et qui, chaque jour, se posent de manière plus aiguë, qu'il s'agisse du changement climatique, de la pénurie d'énergie et de la raréfaction des ressources, de la santé ou du vieillissement de la population. » En somme, il s'agissait d'innover non pour inventer un autre monde – objectif exaltant –, mais pour empêcher le délitement du nôtre. C'est l'état critique du présent qui était invoqué pour justifier l'innovation, et non pas une certaine configuration préalable du futur, comme si nous n'étions plus capables d'expliciter un dessein commun qui soit à la fois crédible et attractif : crédible, il n'était pas attractif ; attractif, il n'était plus crédible. En clair, on nous somme de tout changer tout le temps, mais sans nous dire *pour quoi* le faire.

L'argumentation du document européen s'appuie en effet sur l'idée que le temps est *corrupteur* : il abîme les situations et aggrave les défis à relever. Or, une telle conception tourne le dos à l'esprit des Lumières, pour qui le temps est au contraire *constructeur*, c'est-à-dire complice de notre volonté et de notre liberté, à la condition que nous fassions l'effort intellectuel d'investir dans une certaine représentation de l'avenir et que nous travaillions à la faire concrètement advenir.

Aujourd'hui, nous n'accordons plus au temps de telles vertus positives, peut-être parce que les vérités qu'exhibent les sciences, notamment celles de l'environnement, ne nous consolent plus. Apportant leur lot de mauvaises nouvelles, elles nous désenchantent plutôt, quand elles ne nous inquiètent pas.

D'où nos changements d'humeur. Car l'idée de progrès avait ceci de psychologiquement dopant qu'elle faisait aimer le temps historique en étant à la fois « doublement consolante et sacrificielle », comme l'écrit Emmanuel Kant dans *Qu'est-ce que les Lumières ?*. Consolante, parce que, en fondant l'espoir d'une amélioration future des conditions de vie et en faisant miroiter loin sur la ligne du temps une uchronie désirable, elle rendait l'Histoire humainement supportable. Elle était consolante *aussi* par le fait qu'elle donnait un sens aux sacrifices qu'elle imposait : au nom d'une certaine idée de l'avenir, le genre humain était sommé de se retrousser les manches, de travailler de concert à un progrès dont l'individu ne ferait pas forcément lui-même l'expérience, mais qui finirait par profiter aux générations futures.

En somme, croire au progrès, c'était accepter de sacrifier du présent personnel au nom d'une certaine idée du futur collectif. Nous n'en sommes plus là. Comme le notait Michel Serres, « la question maintenant est de maîtriser la maîtrise, et non plus la nature[1] ».

En conséquence de cette annulation des perspectives d'avenir à long terme, notre rapport au risque technologique s'est lui aussi complètement inversé : il n'est plus perçu comme le

1. Michel Serres, *La Distribution*, *Hermès IV*, Éditions de Minuit, 1977, p. 93.

prix à payer pour faire advenir sinon le meilleur, du moins le mieux, mais plutôt comme le symptôme d'un dérèglement général à corriger, voire comme l'annonce tangible des apocalypses futures.

Le rappel d'un fait dramatique suffit à faire comprendre l'ampleur de ce bouleversement. Le 8 mai 1842 se produisit à Meudon la première grande catastrophe ferroviaire en France : un train allant de Versailles à Paris dérailla dans cette commune. Le bilan fut terrible : officiellement cinquante-cinq morts, dont l'explorateur Jules Dumont d'Urville et sa famille, et plus de cent cinquante blessés.

Un débat s'empara aussitôt de la presse à propos des risques engendrés par ce nouveau mode de locomotion qu'était le chemin de fer. Pour le *Journal des débats politiques et littéraires*, le drame de Meudon était « l'un de ces accidents exceptionnels, inouïs, mais dont les populations ne devraient pas s'effrayer outre mesure, puisque le progrès technique et des précautions supplémentaires devraient permettre de les éviter ».

Quant à Lamartine, alors député, il termina son discours du 11 mai 1842 à la Chambre par ces mots :

« Il semblerait que la Providence veuille faire payer à l'homme, par de cruels sacrifices, chaque nouveau développement de son génie, chaque progrès de son industrie. [...] La civilisation a aussi ses champs de bataille : il faut que des hommes y tombent pour faire avancer les autres. »

Et, évoquant les victimes de la tragédie, il conclut : « Plaignons-les, plaignons-les, mais marchons. » Le message était clair : telle une omelette, l'idée de progrès réclamait qu'en son nom on cassât des œufs.

On imagine mal aujourd'hui un représentant du peuple soucieux d'être réélu tenir semblable propos après une catastrophe d'ampleur équivalente, ou même bien moindre.

Aujourd'hui, lorsque nous lisons les journaux, les pages Web, ou que nous regardons la télévision, nous constatons qu'on ne nous parle presque plus que des actualités, c'est-à-dire du présent. Le monde de demain est ainsi laissé en jachère intellectuelle, en déshérence libidinale. Or, ainsi qu'on a pu le dire de la nature elle-même, le futur a horreur du vide. Victime de notre vacuité projective autant que de notre sevrage prophétique, il se laisse tranquillement investir par toutes sortes de hantises.

On peut trouver au moins deux causes profondes à cette situation. La première est que nous sommes orphelins des philosophies de l'Histoire, ainsi que Régis Debray est parvenu à le dire en une phrase : « Les prémodernes regardaient par-dessus leur épaule un âge d'or inventé mais perdu. Les modernes regardaient devant eux, vers un soleil en souffrance. Nous, postmodernes, nous courons sur un tapis roulant les yeux bandés après le scoop du jour[2]. »

Le scoop du jour… Ce qui amène tout droit à la seconde cause : nous sommes piégés dans un flux qui nous submerge, ensevelis sous des informations auxquelles les médias accordent une consistance parfois artificielle, fatigués par leur rythme effréné. Paul Valéry, en son temps, déjà, parlait d'une « intoxication par la hâte ». En conséquence, nous ne parvenons plus à lire l'avenir dans le présent, à penser ce qui va survenir en prolongement de ce qui est.

Qu'est-ce qui se construit ? Qu'est-ce qui se détruit ? Nous l'ignorons pour une grande part, mais c'est paradoxalement parce que nous avons compris quelque chose : par des boucles nouvelles et inattendues, nous allons de plus en plus dépendre de choses qui dépendent elles-mêmes de nous. Or, comment

2. Régis Debray, *L'Angle mort*, Paris, Éditions du Cerf, 2018, p. 63.

savoir ce qu'il va se passer si ce qu'il va se passer dépend en partie de ce que nous allons faire ?

Comment décider quand on sait qu'on ne sait pas ?

Nous le savons désormais, la connaissance scientifique a ceci de paradoxal qu'elle ouvre des options tout en produisant de l'incertitude, une incertitude d'un type très spécial : *nous ne pouvons pas savoir grâce à nos seules connaissances scientifiques ce que nous devons faire d'elles*. Par exemple, nos connaissances en biologie nous permettent de savoir comment produire des OGM mais elles ne nous disent pas si nous devons le faire ou non. Pareil pour la physique nucléaire et les réacteurs nucléaires. Depuis que l'idée de progrès s'est racornie, voire a été délaissée, cette question devient affaire de *valeurs* qui s'affrontent et non plus de *principes*, que ceux-ci soient éthiques ou normatifs. Or, les valeurs sont en général moins universelles que les principes (la valeur d'une valeur n'est pas un absolu puisqu'elle dépend de ses évaluateurs), de sorte que plus les principes reculent, plus les valeurs tendent à s'exhiber et à se combattre. Les décisions en matière de technosciences sont ainsi devenues difficiles à prendre, d'autant plus que nous avons compris de surcroît que nous ne pouvons pas connaître à l'avance toutes leurs conséquences. D'où une sorte de réflexe collectif qui nous conduit désormais à valoriser l'incertitude comme défiance à l'égard de ce que l'on sait grâce à la science, et aussi de ce que l'on fait. Certains proposent même de liquider l'esprit même de la science au seul motif que c'est lui qui nous aurait conduits à pratiquer un « mauvais usage du monde », par exemple en dispersant dans l'atmosphère, sans vergogne et sans trop y réfléchir, le gaz carbonique issu de la combustion des énergies fossiles.

Les discussions qui ont lieu autour des questions technologiques montrent bien souvent une assez forte décorrélation entre la radicalité et la compétence, comme si le fait d'avoir une opinion tranchée (« pour » ou « contre » !) permettait de se dédouaner à bon compte de l'exigence de fonder cette opinion sur des connaissances. Ce phénomène, qui n'est sans doute pas nouveau, complique les débats lorsque la défiance l'emporte sur la confiance. Que nous soyons dans le camp des « pro » ou dans celui des « anti », nous ne savons guère expliquer ce que sont les OGM, ni sur quels principes fonctionnent les réacteurs nucléaires, ni pourquoi on y met de l'uranium plutôt que de l'aluminium, ni par quel miracle nos téléphones parviennent à envoyer des messages à l'autre bout du monde, ni comment fonctionnent les algorithmes à la source de l'intelligence artificielle. Mais, lorsqu'un sondeur vient nous interroger sur ces sujets, nous n'hésitons pas à répondre aux questions posées. Comment expliquer cette promptitude à faire valoir notre opinion en toute matière ? Elle tient sans doute au fait que nous nous prononçons non pas sur les technologies elles-mêmes, mais sur les images auxquelles notre esprit les associe. En effet, toute technologie produit un « effet de halo », comme le fit remarquer le philosophe Gilbert Simondon : elle rayonne d'une lumière symbolique, tantôt positive, tantôt négative, qui dépasse sa réalité propre et se répand autour d'elle, si bien que peu d'entre nous sommes capables de la percevoir telle qu'elle est vraiment, tout entière contenue dans ses limites objectives et matérielles.

À travers leurs halos, par les perspectives qu'elles mettent en lumière, par les bouleversements qu'elles rendent envisageables, les technologies en viennent ainsi à interroger l'idée que l'on se fait de la société, de ce qu'elle devrait être ou ne devrait jamais devenir, des risques jugés acceptables, et aussi notre façon d'y travailler, d'y occuper notre temps, d'être en rapport avec les autres et avec l'environnement.

Au motif que c'est aux citoyens qu'il appartient d'examiner le type de compagnonnage qu'ils souhaitent construire avec les nouvelles technologies, nombreux sont ceux qui réclament un véritable débat. Mais l'idée même de débat dans un monde d'opinions polarisées, avec peu de connaissances, est difficile à mettre en pratique : Comment organiser une discussion collective de telle sorte que les citoyens et les experts puissent dire après coup, les premiers autant que les seconds, que, pour eux, elle a vraiment eu lieu et a vraiment été instructive ? Où tracer la frontière entre la vulgarisation scientifique, la consultation citoyenne et ce qui revient au pouvoir politique ? Existe-t-il des procédures inclusives et consensuellement décidées, qui feraient que les avis proposés au terme du débat apparaîtront légitimes, même aux yeux de ceux qui ne les approuveront pas ?

En France, nous n'avons jamais trop bien su répondre à de telles questions. Je me souviens du vaste débat public national qui fut organisé en 2009-2010 au sujet des nanotechnologies. Il offrit le spectacle d'un curieux mélange de conflits violents et d'indifférence massive. Les obstacles auxquels il se heurta illustrent la difficulté de l'exercice : la complexité du sujet et les enjeux qui l'accompagnaient étaient tels qu'on ne parvint jamais à atteindre le niveau d'une véritable argumentation, dépassant celui du témoignage ou de l'idéologie. On avait alors parlé, à juste titre, de « fiasco ».

Dans un tel climat, l'acceptabilité des innovations et des risques technologiques devient bien plus difficile que durant les Trente Glorieuses. Certes, des décisions sont bel et bien prises par les instances représentatives, mais le public ne s'y rallie pas toujours. Les discussions, du fait qu'elles ne parviennent jamais à s'éteindre, finissent par prendre des allures de guerre de tranchées : d'un côté, les technophiles enthousiastes qui pensent qu'une nouvelle technique est sûre tant qu'on n'a pas démontré qu'elle pouvait être dangereuse ; de l'autre, les technophobes radicaux qui considèrent qu'aucune innovation n'est inoffensive tant qu'on n'a pas réussi à prouver qu'elle est sans danger. Souvenons-nous des débats autour de la 5G, qui se concentrèrent vite sur les possibles effets de cette technologie sur la santé. Questions parfaitement légitimes, mais qui en occultèrent bien d'autres, tout aussi importantes : avec la 5G, vivrons-nous *plus* ensemble ou *moins* ensemble ? serons-nous encore plus atomisés ou ferons-nous davantage société ? l'avenir sera-t-il à l'isolement ou au grégarisme frénétique ? serons-nous les objets d'une surveillance généralisée ou profiterons-nous au contraire de nouveaux leviers d'émancipation ? Le numérique diminuera-t-il notre impact sur l'environnement, ou au contraire l'aggravera-t-il par le biais d'une augmentation de la consommation énergétique ?

La puissance du faux

En 1943, dans son *Plaidoyer pour une civilisation nouvelle*, Simone Weil déplorait l'existence d'une cohabitation impossible à annuler de vérités et de mensonges dans la plupart des publications, d'une sorte de superposition quantique du vrai et du faux que chacun d'entre nous arbitre selon des critères qui lui sont propres. Or, cette vérité-là s'est certainement accentuée (donc aggravée ?) avec l'avènement du numérique.

Nous voyons en effet se déployer sur nos écrans, avec une vigueur inédite, ce qu'Umberto Eco appelait la « force du faux » : « Les faux récits sont avant tout des récits, comme les mythes, et les récits, comme les mythes, sont toujours persuasifs[3]. » Celle-ci prend des formes multiples : bobards, fausses informations, manipulations, impostures, remises en cause des résultats scientifiques les plus éprouvés, théories du complot infondées allant jusqu'à l'abracadabrantesque platisme contemporain dont certaines enquêtes montrent qu'il touche 17 % des jeunes esprits… Nos cerveaux, littéralement assaillis, n'ont guère les moyens ni le temps de séparer le bon grain de l'ivraie. Alors, rechignant à pratiquer la « distanciation cognitive », ils ont tendance à déclarer vraies les propositions qui leur paraissent vraisemblables et celles dont ils aimeraient qu'elles soient vraies.

L'affaire est d'autant plus grave que, en la matière, la lutte que se font le vrai et le faux sur les réseaux sociaux n'est ni équitable ni loyale : sur un sujet donné, le message disant le vrai est unique, alors que les messages clamant le faux sont aussitôt multipliés, clonés à l'envi, ce qui a pour effet de les faire briller artificiellement, et ainsi de les rendre à la fois crédibles et populaires. Le faux devient ainsi nettement plus pandémique que le vrai.

Dans le même temps se manifeste dans nos sociétés postmodernes une défiance marquée à l'égard de l'idée même de *vérité* : celle-ci existe-t-elle vraiment ? se demande-t-on. Si oui, comment pourrait-elle être autrement que subjective, temporaire, locale, instrumentalisée, culturelle, corporatiste, circonstancielle, contextuelle, fluctuante, factice ? On en

3. Umberto Eco, *De la littérature*, trad. de l'italien par Myriam Bouzaher, Paris, Grasset, 2003, p. 393.

vient même parfois à afficher un mépris souverain pour la vérité.

Une telle relativisation générale engendre une *concaténation surprenante entre l'idée de vérité et la notion de liberté*, analogue à celle entrevue par Simone Weil : chacun se sent désormais libre de choisir ce qu'il appelle la vérité, autrement dit *sa* vérité, de sorte que la vérité n'est plus une référence, encore moins une contrainte qu'il s'agirait de respecter à la fois dans ses propos et dans sa façon de penser. Et c'est ainsi que la vie des idées peut parfois donner l'impression de se désintégrer.

Mieux partager la science ?

La philosophie des Lumières défendait l'idée que la souveraineté d'un peuple libre se heurte à une limite, celle de la vérité, sur laquelle elle ne saurait avoir de prise. Même si le genre humain tout entier concluait que le Soleil tourne autour de la Terre, disait David Hume, la Terre continuerait d'orbiter autour du Soleil. Les vérités scientifiques ne sauraient donc relever d'un vote. Mais, à défaut d'être démocratiques, les connaissances scientifiques ont quelque chose de républicain, au sens où elles sont « affaires publiques ». La république accorde en effet à la connaissance une valeur spécifique, qu'elle possède du seul fait qu'elle est une connaissance, même si elle n'a *a priori* pas d'applications pratiques. À ce titre, toute connaissance doit pouvoir être connue de tous, au moins en principe : ni le théorème de Pythagore, ni le second principe de la thermodynamique, ni la formule $E = mc^2$ n'appartiennent à quelqu'un en particulier. L'idée de république et la notion de connaissance paraissent donc intriquées par nature, d'autant que leur lien se trouve renforcé par ce que Henri Bergson appelait la « politesse de l'esprit », cette sorte de souplesse intellectuelle qui rapproche les hommes et leur permet de s'épanouir en un monde commun et solidaire.

Mais il y a un problème : la science n'est pas si facile à partager. De multiples causes, certainement toutes fondées, sont régulièrement avancées pour expliquer cette situation. J'en ajouterai une : aujourd'hui, à force de fabriquer de la fugacité, puis de la renouveler sans cesse, à force de promouvoir la vétille comme épopée du genre humain, les formes modernes de la communication se transforment en une vaste polyphonie de l'insignifiance. Dès lors, tout travail de discernement, de clarification, de transmission de ce qui est complexe, relève quasiment de l'héroïsme. « Aucune pensée n'est immunisée contre les risques de la communication », prévenait déjà Theodor Adorno. C'est ainsi que pendant la pandémie de Covid-19, nous avons vu se propager une forme très intense et très contagieuse (elle aussi) de « populisme scientifique » ou, pour parler comme Gérald Bronner, de « démagogisme cognitif », c'est-à-dire un type de discours qui promeut des points de vue intuitifs et souvent erronés sur toutes sortes de sujets.

Depuis plusieurs décennies, je pratique assidûment la vulgarisation, comme beaucoup d'autres scientifiques. À première vue, cette entreprise remporte un franc succès. Vous écrivez des livres ? Ils sont lus, du moins par certains. Vous donnez des conférences ? Des gens s'y rendent et vous posent des questions pertinentes, qui démontrent que des messages sont bel et bien passés. Mais, si l'on fait les comptes, on réalise que le constat de ce succès est fortement biaisé par l'oubli d'un truisme : la vulgarisation scientifique n'intéresse *a priori* que les personnes qui s'intéressent à la... vulgarisation scientifique. C'est-à-dire finalement très peu de gens. La plus grande partie de la population n'a guère de contacts directs avec de véritables contenus scientifiques, qu'il s'agisse de résultats, de démonstrations ou d'expériences. Elle s'abreuve à d'autres sources. Bien sûr, on ne saurait défendre une *conception scolaire de la citoyenneté* : un citoyen qui se proclame indifférent aux sciences n'est pas un moins bon citoyen qu'un autre qui s'y intéresse, mais on doit tout de même tenter de garantir une égalité d'accès aux connaissances.

En cela, nous ne sommes guère aidés par le fait que l'un des espoirs des philosophes des Lumières a été cruellement déçu. Si, au moment de concevoir leur *Encyclopédie*, Diderot ou d'Alembert ont choisi d'y insérer de très nombreuses planches et illustrations expliquant en détail le fonctionnement d'une multitude d'objets techniques, c'est en vertu d'un principe qui leur semblait aller de soi : *la technique, en devenant visible, familière, serait implicitement vectrice de connaissances scientifiques* ; plus nous nous frotterons à elle dans la vie quotidienne, pensaient-ils, mieux nous connaîtrons et comprendrons les principes scientifiques qui l'ont rendue possible. Certes, il y eut sans doute une époque où les hommes cultivés pouvaient comprendre tous les outils et toutes les machines qui les entouraient, mais les Encyclopédistes n'avaient pas anticipé une autre réalité qui, au fil du temps, allait peu à peu s'imposer : plus un objet technologique est complexe, plus son usage tend à se simplifier. Presque aucun d'entre nous ne saurait dire comment fonctionne un ordinateur ou un téléphone portable, ce qui ne nous empêche nullement de nous en servir sans avoir besoin de consulter la moindre notice et sans que notre crasse ignorance nous fasse trembler d'angoisse. Ainsi certains objets techniques, à la fois familiers et extraordinairement complexes, en viennent-ils à masquer ou à marginaliser les connaissances scientifiques dont ils sont pourtant les conséquences. Ces dernières sont alors perçues comme pratiquement inutiles – inutiles en pratique –, donc inutiles tout court.

Plusieurs classements internationaux récents montrent qu'il y a un décrochage de notre pays dans la maîtrise des connaissances mathématiques et scientifiques, notamment dans la population jeune. En 2021, un test a par exemple été réalisé auprès des élèves entrant en sixième. Il leur était demandé de placer la fraction « un demi » sur une ligne graduée allant de 0 à 5 : seuls 22 % d'entre eux y sont parvenus. Mais cela n'empêche nullement ceux qui n'ont pas réussi ce test d'être aussi habiles que leurs camarades à utiliser toutes les fonctions de leur mystérieux smartphone…

C'est pourquoi il devient urgent de se mobiliser sérieusement en faveur de l'éducation scientifique des plus jeunes et de la diffusion des connaissances au sein de la société. Une telle démarche, qui est à la fois intellectuelle et politique, me semble désormais réclamer toute notre énergie, sauf à se résigner à ce que nos débats se résument à un étalage d'affects disparates. Elle seule permettra que nous nous remettions enfin à penser le monde qui vient en tenant compte à la fois de ce que nous voulons et de ce que nous savons.

TROISIÈME PARTIE

UNE CERTAINE IDÉE DE LA FRANCE

Pour que la France reste la France

AUDREY CÉLESTINE

En 1978, un jeune Martiniquais de 21 ans s'apprête à faire son service militaire à Compiègne. Six ans plus tôt, il avait débarqué à Dunkerque, suivant les pas de plusieurs autres hommes de sa famille, anciens navigateurs devenus tenanciers de bar ou chauffeurs de taxi dans leur ancien port d'attache. Il rêve d'indépendance et ne sait pas très bien ce qu'il va faire de sa vie : alors le service militaire tombe bien. Il sait qu'il va pouvoir passer le permis – même le poids lourd –, pratique pour trouver un travail, satisfaire son envie de bouger, de gagner sa vie et forger son avenir. Parmi les jeunes appelés, il y a quelques Antillais et Guyanais. Les gradés refusent qu'ils restent ensemble, ils doivent se fondre dans la masse : pas question de se « regrouper entre Noirs ». Il se souvient surtout des enfants qui lui courent après dans la rue parce qu'ils n'ont jamais vu de Noirs. Difficile à croire quand Dunkerque fait alors figure de ville de passage multiculturelle remplie d'anciens marins venus de tout l'ex-Empire colonial. Et puis il y a tous ces autres gamins d'une France qu'il ne connaissait pas encore. Des jeunes Picards qui ne maîtrisent pas la langue de Molière, ne savent parfois ni lire ni écrire. Alors souvent, c'est lui, le cancre qui a arrêté l'école à 15 ans, qui leur écrit des lettres pour leurs petites chéries en attente de nouvelles. Des Français de France qui ne savent pas écrire le français. Voilà qui ne laisse pas de l'étonner.

Ce récit, tout anecdotique qu'il est, rejoint les fragments que l'on retrouve dans la littérature ou dans certains récits qui, en interrogeant la subjectivité de ces personnes que l'on désigne comme des « Noirs » ou des « Arabes », ajoutent de la complexité à la complexité. Il dit quelque chose de l'idée qu'un jeune homme noir, antillais des années 1970, pouvait avoir de la France avant de mettre les pieds dans l'Hexagone, mais également de son expérience de la minorité et de l'assignation raciale. De la vie dans une ville portuaire à celle dans une caserne picarde, ce sont déjà plusieurs France qui se dessinent à l'esprit.

Cette histoire est celle de mon père. Je me suis mise à raconter l'histoire de ma famille comme celle d'une « famille française ordinaire » parce qu'on assistait depuis 2007, autrement dit depuis la campagne présidentielle et la présidence de Sarkozy, à une véritable libération de la parole raciste. La création en mai 2007 d'un ministère de l'Immigration, de l'Intégration, de l'Identité nationale, a constitué de ce point de vue un vrai tournant, qui continue de façonner un environnement hostile à ceux et celles qui sont renvoyés à une altérité radicale et à qui on somme de ne pas faire de bruit, de rester à leur place. Apporter ma pierre aux débats nationaux sur l'identité, la migration, la colonisation en prenant le parti de l'incarnation et du récit de la France à partir d'une histoire familiale traversée par la migration, l'exil, la racialisation et la mobilité sociale, sonnait comme une nécessité. Affirmer que ces dynamiques faisaient partie de l'expérience et de l'histoire de nombre de « familles françaises ordinaires », comme un impératif. La situation ne s'est pas arrangée depuis.

Au début de l'année 2024, lors d'une conférence de presse, Emmanuel Macron explique qu'il est nécessaire que « la France reste la France ». La formule intervient quelques secondes à peine après l'évocation des troubles du monde mais également des « divisions intérieures » du pays. Depuis plusieurs années, le président français désigne ceux qui sont à ses yeux « coupables d'avoir cassé la République en deux » : les universitaires traités d'islamo-gauchistes en pleine crise du Covid – et alors que la pauvreté explosait chez les étudiant·e·s –, les associations de quartiers populaires et finalement toute voix s'élevant contre les traitements inégalitaires et discriminatoires subis par les personnes assignées racialement en France, que ce soit par l'école, la police, la justice, les employeurs ou les politiques.

Un imaginaire monolithique

Le récit d'une France culturellement homogène est ancien. C'est cependant au cours des Trente Glorieuses que l'on en trouve une version particulièrement élaborée : celui d'une France où l'homogénéité culturelle serait une condition de l'égalité. Un tel récit paraît d'autant plus paradoxal que la période des années 1960 est marquée par la diversification des pays d'immigration vers la France et l'importance des migrations postcoloniales. Alors qu'un tel récit semble avoir encore moins de sens que par le passé, il prend une dimension particulièrement saillante et se trouve réactivé de façon durable dans les discours politiques des décennies suivantes.

Ces discours et politiques d'exclusion s'inscrivent dans l'histoire récente de formulation de l'immigration et des « immigrés » comme problèmes politiques majeurs mettant fondamentalement en danger, à plus ou moins long terme, l'identité nationale. Michelle Zancarini-Fournel rappelle comment, avant même que les effets de la crise économique ne se fassent sentir, l'immigration est posée comme un danger dès le début des années 1970. C'est l'extrême droite qui mobilise et popularise les notions de « seuil de tolérance », d'« immigration sauvage », dans un contexte de restriction de fait des droits des immigrés (pas de droit de vote, droit d'association et de publication d'un journal soumis à autorisation).

Au fil des décennies, la dénonciation des problèmes posés par l'immigration est devenue un quasi-lieu commun de la vie politique française. Et progressivement s'est imposé – entre « fermeté » et « humanité » – d'arrimer cette dénonciation à un discours sur l'identité nationale. On se souvient du slogan « 3 millions de chômeurs ce sont 3 millions d'immigrés de trop ! La France et les Français d'abord », dans les années 1980.

Dans le programme du Front national en 2002, on trouvait le paragraphe suivant à la rubrique « Identité française » :

> Le refus de la société multiculturelle, au nom de l'identité de la France, est le combat fondamental du Front national. L'identité est, à la nation, ce que la personnalité est à l'individu. Elles sont la condition de sa vie et de sa liberté : privés d'identité ou privés de personnalité, la nation ou l'individu ont définitivement perdu la maîtrise de leur destin. Aussi convient-il de respecter, en France comme ailleurs, le principe selon lequel chaque peuple doit

disposer d'un territoire qui lui soit propre. L'histoire de l'humanité et l'observation des peuplements de la planète confirment cette loi : partout où cohabitent des peuples de race, de langue, de culture ou de religion radicalement différentes, l'assimilation se révèle impossible et des conflits surviennent, tôt ou tard. Or, l'immigration massive que nous subissons porte atteinte à notre identité et, par voie de conséquence, à l'existence de la France. Quant au déracinement qu'elle entraîne, il est nocif aussi bien pour la population française que pour les immigrés eux-mêmes. **Pour que la France reste la France**, les Français doivent rester maîtres chez eux. Cela a été le cas jusque dans les années soixante (son histoire le prouve) et il est essentiel que cela le demeure.

Si on la trouve chez François Mitterrand en 1984 pour évoquer la centralisation du pays, la formule « pour que la France reste la France » a surtout été utilisée pour aborder les thèmes de l'immigration – le plus souvent pour la dénoncer – ou de l'identité nationale. Ainsi Nicolas Sarkozy en 2010 et en 2016, Marine Le Pen en 2017 et 2022, Laurent Wauquiez en 2018, Éric Ciotti en 2021 et Éric Zemmour en 2022 (et Macron, donc) ont-ils mobilisé cette expression et convoqué cet imaginaire pour appeler de leurs vœux un arrêt de l'immigration ou réaffirmer une identité nationale qui serait menacée notamment par celle-ci.

Utilisée pour légitimer un programme d'arrêt de l'immigration qui serait responsable de l'essentiel des maux de la France, la formule a été largement remise en question par le réel. Les travaux d'histoire et de sociologie des migrations, notamment ceux du démographe François Héran, montrent comment de 1970 à 2000, la part des immigré·e·s dans la population française est restée relativement stable. La migration qui arrive ne

« remplace » pas ceux qui sont déjà là mais elle s'y ajoute et cela depuis longtemps. Et elle s'y ajoute en contribuant. À la langue, à l'économie, au marché du travail, à la culture, à la société dans son entier. Dans certaines franges de la société, l'idée que l'immigration a servi les besoins de la croissance et de la reconstruction, les immigrés occupant souvent les emplois dont les nationaux non immigrés ne voulaient pas, est presque de l'ordre du lieu commun. Et si l'immigration repart à la hausse dans les années 2000, les flux vers la France n'ont rien de massif au regard de ce qui se passe dans le reste du monde.

À partir des années 1960 cependant, on assiste à une diversification de l'origine des immigrés. Ces derniers arrivent ainsi plus souvent du Maghreb, d'Afrique subsaharienne ou d'Asie que d'Europe. Et c'est sans doute là que réside le « problème » pour toute une partie des leaders et partis politiques, et des médias. Rêver d'une France intemporelle où l'immigration serait rendue historiquement anormale, problématique et invisible, revient à percevoir une partie des Français comme des étrangers. Des Français qui ne le seraient que « de papier », pour reprendre les mots terribles de la droite française. Les enfants des immigrés seraient condamnés à demeurer hors de la communauté nationale. On comprend que ce n'est pas tant l'immigration que l'assignation raciale et le racisme qui sont ainsi en jeu et qui modèlent les représentations et les manières de voir le monde. Derrière la demande identitaire pour que « la France reste la France », le désir de mettre un coup d'arrêt à l'immigration décrite comme « massive » s'énonce à partir de ce qui serait la norme : le fait d'être blanc et « bien français ».

Faire œuvre de pédagogie peut sembler vain mais s'avère nécessaire. On peut tirer un enseignement de la façon dont, lors de la « crise des migrants » de 2015-2016, la question de l'« acceptabilité » des réfugiés par l'opinion publique avait guidé les choix politiques. Ainsi, au nom des craintes face à un monde qui change et des migrants identifiés comme non blancs, les responsables politiques ont « refusé la pédagogie face au populisme », selon la formule de François Héran. Ils ont aussi refusé l'humanité au profit d'une appréhension raciste de l'immigration et d'une définition stricte de qui fait partie de la Nation, d'une séparation entre « eux » et « nous », que cette distinction ait ou non un sens.

Lorsque, en 2018, Laurent Wauquiez reprend le slogan du Front national, dans un programme intitulé « Le Printemps des républicains », il mobilise pour sa campagne une formule devenue un lieu commun de la droite française et largement diffusée par les partis politiques, les médias de droite, en particulier ceux qui appartiennent au groupe Bolloré. Six problèmes majeurs sont identifiés dans un tract diffusé à 1,5 million d'exemplaires : la hausse des impôts, le nombre d'immigrés, la menace terroriste, la pression communautariste, la délinquance et les fractures territoriales. La présidence d'Emmanuel Macron est pointée du doigt en raison d'une politique laxiste qui aurait pour conséquence qu'on n'a « jamais eu autant d'immigrés ». La pression communautariste est quant à elle attribuée à l'absence de respect de la laïcité par Emmanuel Macron qui « dit qu'il n'y a pas une culture française et fait l'éloge de la diversité ». Le terrorisme est lui aussi lié à l'immigration et au refus de la « déchéance de la nationalité » par le président. On voit cependant que ces dernières années, en témoigne la dernière loi sur l'immigration, l'idée fait, chez les macronistes, l'objet d'une véritable complaisance. Là encore s'exprime le refus d'une France de fait multiculturelle et dans laquelle l'immigration est un phénomène de longue date.

Dans sa préface à l'édition anglophone de la somme *Histoire mondiale de la France* dirigée par Patrick Boucheron, l'historien Stéphane Gerson rappelle le contexte international d'assauts contre les « experts », les chercheurs et les savoirs qu'ils produisent, souvent écartés au profit d'appréhensions nostalgiques de l'histoire du pays, notamment en France. Il en appelle, à la suite de nombreux autres historiens, à développer les façons de faire connaître leurs recherches, en investissant les événements culturels, les réseaux sociaux, les formes moins conventionnelles de récits et en faisant preuve de créativité. Le succès de l'*Histoire mondiale de la France*, mesuré notamment par la rapidité avec laquelle il est traduit en anglais et par le fait qu'il inspire des équipes de chercheurs dans plusieurs autres pays, doit encourager les collègues à embrasser le même chemin. Et d'une certaine façon, pour ceux qui voudraient que la « France reste la France » : le combat est déjà perdu. Comment croire à cette France figée alors que tant de fois la politique et l'Histoire ont constitué autant d'occasions de réinvention au gré des guerres, des révolutions, du progrès technique, urbain, des migrations, des mariages, des naissances et des morts ? Dans sa déconstruction magistrale de l'idée de « roman national », la résistante, historienne et militante Suzanne Citron rappelle la manière dont notamment les manuels scolaires ont servi à raconter une Histoire censée raffermir le sentiment national à partir d'une histoire de France mythifiée et bien éloignée des dynamiques complexes et multiculturelles. Cette idée de pureté originelle est largement démentie par les milliers de pages noircies par les chercheurs qui racontent l'histoire d'une France « dans le monde » et pas séparée de lui. Car même lorsqu'il ne s'agit pas d'énoncer des propositions directement reliées à un projet politique anti-immigration, la convocation de cet imaginaire culturel fonctionne comme un clin d'œil adressé aux vœux de repli sur soi et comme la définition d'une identité nationale bien aplatie. Il y a une forme de vacuité à parler de la France comme d'une entité fixe, aux racines univoques. En novembre 2010, lorsque Nicolas Sarkozy souhaite à son tour que « la France reste la France » dans un discours prononcé lors du Congrès des maires, il a en tête un pays qui doit désormais se battre pour figurer dans le peloton de tête des nations tant la concurrence induite par la mondialisation est forte. Cette vision, que l'on retrouve dans toute une partie de la droite française, renvoie à une définition relativement univoque de l'identité nationale française, en même temps qu'à une conception de l'Histoire largement mythifiée.

L'histoire de l'Empire français et de la colonisation montre pourtant que si l'enjeu pour le pays était, notamment, de projeter son pouvoir à l'extérieur de ses frontières hexagonales, des « effets retour », plus ou moins intenses, ont été observés. La définition même de ce que c'est que « la France » a été au cœur de la pensée d'auteurs comme Aimé Césaire ou Léopold Sédar Senghor qui ont, chacun à sa façon, tenté de réfléchir à la forme d'association politique qui permettrait de sortir du statut colonial sans nécessairement que la forme de l'État-nation ne prévale. Au crépuscule de la France impériale, des hommes, animés par les enjeux d'émancipation tout autant que par les conditions matérielles d'existence de leurs concitoyens, ont fait œuvre d'imagination politique et tenté de penser une

France fédérale, une manière autre de vivre ensemble qui leur a été reprochée par leurs opposants politiques. Bien loin de l'imaginaire culturel qui s'est construit pendant les Trente Glorieuses, la réalité de l'histoire de la France impériale est fondamentalement plurielle, faite d'une multiplicité de situations coloniales, de réactions à celles-ci, qui rendent la question de l'identité bien plus riche et complexe qu'elle n'apparaît sous les mots de l'extrême droite et de nombreux hommes politiques soucieux que « la France reste la France ».

Des raisons d'espérer

Il reste pourtant sans doute des raisons d'espérer qu'il en soit différemment. Tout d'abord parce que, malgré la diffusion dans l'espace politique de cet imaginaire étriqué et les scores élevés de l'extrême droite en France, marteler que la France devrait rester la France suscite la polémique, ne fait pas consensus mais est relevé, commenté et critiqué. Les dynamiques sociales autour du racisme, de l'appréhension des différences ou de la définition de l'identité nationale sont plus complexes que les discours politiques droitiers.

Dans ses rapports publiés annuellement, la Commission nationale consultative des droits de l'homme (CNCDH) publie un indice de tolérance qui atteint au début des années 2000 son niveau le plus haut depuis sa création en 1990. Autrement dit, le niveau global de tolérance vis-à-vis des différences en France est au plus haut, même si l'on observe également le rejet de certains groupes de populations victimes de violence et de discriminations et d'un niveau élevé de préjugés, notamment à l'égard des musulmans et des Roms. Parmi les préconisations récurrentes face aux délits et crimes racistes, la CNCDH préconise notamment de « lutter contre le sentiment d'impunité des auteurs, de restaurer les victimes dans leur dignité et de resserrer les liens de confiance entre les minorités et les institutions de la République ».

De plus, on sait comment l'énonciation d'un mot d'ordre, d'un principe, d'une politique n'implique pas que l'on s'y conforme mécaniquement, qu'on les respecte ou que l'on se les approprie. Ce qui importe le plus souvent, c'est la manière dont ceux qui comptent pour nous appréhendent le monde social. Qu'en pensent notre famille, nos ami·es, nos proches ou nos collègues ? Ces gens de notre entourage que nous admirons ou au moins dont l'avis compte ?

Dans un ouvrage récent sur la droitisation de la société française, Vincent Tiberj démontre que les cadrages politiques et médiatiques sont souvent bien plus à droite que ne le sont effectivement les citoyens, dont beaucoup s'abstiennent ou font des choix électoraux ne tenant pas compte de toutes leurs opinions ou de leurs intérêts. Cela ne revient cependant pas à dire que ces cadrages n'ont aucun effet. Ils offrent des clefs de lecture de la société, de soi et des autres, pas de façon mécanique, mais suffisamment fortement pour que d'autres personnalités politiques, plus tard, continuent de se saisir de telles visions de la France, de l'immigration, de l'identité, d'« eux » *versus* « nous ».

Les effets de ces représentations du monde sur le monde réel dans lequel vivent des millions de Français minorisés et assignés racialement sont réels. Face à ces opérations de rétrécissement de la complexité du monde et de la France, la restauration de la dignité pour les victimes de racisme – et pour l'ensemble des personnes qui passent sous le rouleau compresseur de l'assignation raciale – passe sans doute par la poursuite d'un travail d'énonciation et de multiplication de récits académiques, pédagogiques, culturels, fictionnels, qui offrent d'autres manières de saisir et d'appréhender le monde.

On constate ainsi, dans les quinze dernières années, des efforts faits à plusieurs niveaux pour contribuer à une politique de la dignité et d'égalité tournée vers la subjectivité des personnes minorisées, objets implicites ou explicites de l'exclusion hors de l'identité nationale. Plusieurs institutions muséales ont participé à cette dynamique, comme le musée d'Orsay avec l'exposition *Le Modèle noir* ou encore le musée de l'Histoire de l'immigration avec sa nouvelle exposition permanente. Le Centre Pompidou accueillera une exposition intitulée *Paris Noir* avant sa fermeture pour travaux en 2025. Les présences noires ou immigrées sont réintégrées à l'histoire nationale. La littérature jeunesse française s'est enrichie ces dernières années de l'œuvre de Laura Nsafou, qui dit explicitement lutter pour une meilleure visibilité et représentation de personnes dites minorisées dans ses livres pour enfants comme dans ses romans pour adolescents. Outre les nombreux documentaires et essais sur le sujet depuis quelques années, on constate que des efforts sont également menés dans le domaine de la fiction. Dans la série diffusée sur Arte, *Le Monde de demain*, consacrée aux acteurs de l'émergence de la culture hip-hop en France, dont le groupe NTM, on trouve une chose rare et peu commune dans les productions audiovisuelles françaises. Sont représentés plusieurs personnages principaux non blancs sans effet comique ni misérabiliste et qui évoluent dans la France de la fin des années 1970 et du début des années 1980. Les personnages sont complexes et pluridimensionnels. Tout comme dans la série Netflix *Drôle*, le portrait offert de la France du XXIe siècle semble étrangement en phase avec l'état de la société : les personnes désignées comme racisées par les sociologues – c'est-à-dire qui subissent l'expérience de l'assignation raciale – ne sont pas des caricatures mais des gens aux personnalités complexes. Pour sortir de l'imaginaire d'homogénéité culturelle des Trente Glorieuses, il faut introduire une épaisseur dans les imaginaires de fiction. Ces diverses formes d'expression dans l'espace public peuvent justement être considérées comme des formes prises par la lutte pour la reconnaissance de la réalité multiculturelle de la France.

Nombre des productions culturelles mettant en scène des personnes minorisées ne sont pas militantes mais l'enjeu d'une représentation de la diversité des populations y est central. On peut ainsi penser au cas de la série à succès *Lupin* avec l'acteur français Omar Sy : sans qu'un objectif politique ne soit explicitement énoncé, on y trouve des formes d'expression de subjectivités minoritaires ou de dénonciation du racisme vécues au quotidien. Les réseaux sociaux, blogs, discussions en ligne constituent depuis une quinzaine d'années des moyens d'échange ou de dénonciation du racisme. Ils permettent de dénoncer ce « racisme d'atmosphère » évoqué dans l'ouvrage *La France, tu l'aimes mais tu la quittes* (Olivier Esteves, Alice Picard et Julien Talpin, Seuil, 2024) dans lequel est évoqué, au-delà des expériences de racisme ou de discrimination, un climat politique délétère et islamophobe qui joue sur le sentiment d'appartenance et le rapport au pays dont ils sont citoyens, pour de jeunes Français enfants d'immigrés qui décident de partir à l'étranger.

C'est un imaginaire nourri par une conception riche, multiculturelle et inclusive que les chefs d'orchestre de la cérémonie d'ouverture des JO de Paris ont choisi de présenter au monde. Cet imaginaire culturel ne rencontre pourtant pas son pendant politique depuis les revendications et mots d'ordre formulés en termes de droit à la différence pendant les années 1980, avec l'accès des socialistes au pouvoir. Ce monde inclusif décrit, imaginé et mis en scène par les acteurs culturels, pourrait pourtant servir de moteur pour contrer les discours nostalgiques en faveur d'une France culturellement homogène et les idéologies nauséabondes d'extrême droite qui infusent l'ensemble de la société.

Redevenir paysans

ÉRIC FOTTORINO

Où vient s'enraciner notre imaginaire agricole ? À quel récit ample et profond peut-on le rattacher ? Chacun connaît la formule de Sully, ministre d'Henri IV : « Labourage et pâturages sont les mamelles dont la France est alimentée, et les vraies mines et trésors du Pérou. » Ce lyrisme aurait pu illustrer à merveille ce que fut le rayonnement paysan de l'après-guerre jusqu'au mitan des années 1970 : gloire verticale des épis de blé et des hampes de maïs érigés en arme alimentaire, gloire sur pied des bêtes à cornes et des vaillantes laitières, gloire des quintaux à l'hectare et des hectos d'or blanc, silos pleins à craquer et frigos de beurre qui faisaient saliver d'envie, en leur temps, l'ours soviétique, lorsque l'abondance française – et européenne – venait opportunément combler les pénuries d'une agriculture planifiée à la mode communiste, aussi gaspilleuse qu'improductive. C'en était fini des paysans du XIXe siècle figés dans leurs travers sous la plume de Balzac (dans son roman justement titré *Les Paysans*) ou de Zola qui chantait dans un réalisme brutal « la terre qui tue et pour qui on assassine » (*La Terre*). Les hommes des campagnes – les femmes étaient exclues de ce monde et cantonnées à la basse-cour –, étaient aussi âpres au gain qu'ils étaient durs au mal.

Et l'imagerie populaire donnait d'eux une vision ambiguë de courage et d'avidité, de main qui nourrit et de tête calculatrice, mélange d'arriération et de conservatisme, d'égoïsme et d'altruisme, de misère crasse et d'enrichissement caché.

Cette réputation brouillée connut son summum jusqu'à la caricature pendant la Seconde Guerre mondiale, lorsque le vieux maréchal Pétain encensa « la terre qui ne ment pas ». Dans ces années sombres coexistèrent la paysannerie de la collaboration et du marché noir avec celle de la Résistance, qui versa son sang et accueillit dans ses fermes, à ses risques et périls, des familles juives menacées de déportation. C'est à la Libération qu'un nouvel imaginaire apparut, plaçant le paysan au centre d'un récit de renaissance. Pour se reconstruire, pour qu'elle mange à sa faim et que disparaissent les terribles « jours sans » (sans pain, sans viande, sans beurre, etc.) et les tickets de rationnement – en 1949 seulement –, le pays avait d'abord besoin de bras. Il fallait renouer avec les fameuses mamelles de la France chantées par Sully.

L'hymne au productivisme

Cette vision d'une agriculture nourricière tournée exclusivement, disons même intensément, vers la production, paraît lointaine, et avec le recul, très décalée, pour ne pas dire dangereuse car toxique. Vérité hier, erreur aujourd'hui... Il faut dire qu'au cours de ce premier quart du XXIe siècle le monde et la perception du monde, de ses ressources comme de ses limites, ont profondément changé, bouleversant principalement notre relation au vivant. L'injonction de Descartes visant à « nous rendre comme maîtres et possesseurs de la nature » n'a pas résisté au réchauffement climatique et à ses conséquences désastreuses, données comme inéluctables par les plus pessimistes, sinon les plus réalistes. Les scientifiques hésitent à dire que nous avons changé d'ère, ce qui acterait la mort de l'holocène pour nous entraîner dans l'anthropocène – un âge nouveau qui désignerait l'activité humaine comme force géologique et environnementale principale façonnant notre planète. La plupart s'accordent cependant pour dire que l'impact de notre présence massive et prédatrice sur les sols et les mers modifie désormais plus fortement, donc plus gravement qu'autrefois, les grands équilibres et les conditions de la vie sur Terre. Au point de menacer notre pérennité. Dès lors, la doxa d'une agriculture limitée à la production par tous les moyens pour nous soustraire à la faim, voire aux famines, est désormais battue en brèche. L'horizon se doit d'être porteur d'une nouvelle utopie qui ferait la synthèse du combien et du comment, pour favoriser un rapport plus sain à la consommation alimentaire. « Rien n'est poison, tout est poison, disait jadis le médecin philosophe suisse Paracelse, le poison, c'est la dose. » À l'évidence, l'acte de production agricole est devenu hors contrôle. Nous avons dépassé la dose et trahi depuis longtemps le précepte d'Hippocrate, « que ton aliment soit ton médicament, et que ton médicament soit dans ta nourriture ». L'urgence n'est pas de revenir en arrière mais d'inventer une agriculture performante et respectueuse de son environnement immédiat, compatible avec les nouveaux enjeux planétaires. Ce qui suppose à l'évidence de réorienter les aides publiques en faveur des circuits courts et moins énergivores, et en amont encore, de repenser les enseignements agricoles pour guérir les esprits du productivisme aveugle qui subsiste trop souvent comme un mauvais réflexe, mais aussi comme conséquence d'un manque d'imagination.

Autant de révolutions à opérer dans un contexte où le

souvenir d'un âge d'or productiviste a la vie dure. Il faut se souvenir qu'au lendemain de la guerre et avec l'avènement des Trente Glorieuses deux coups de baguette magique vinrent métamorphoser l'agriculture de notre pays, la motorisation et la chimie. Donnant à la paysannerie le visage nouveau de la modernité, loin des archaïsmes anciens. On peut dater à 1948, avec l'arrivée des tracteurs du Plan Marshall en France – les fameux « petits gris » –, le souffle sans précédent donné aux travaux des champs et, partant, à l'essor de la productivité qu'on n'appelait pas encore productivisme. Le paysan d'antan suivait une paire de bœufs aux cornes emboulées tirant de lourdes charrues à travers ses champs aussi irréguliers que les sillons péniblement creusés dans la terre. L'arrivée du tracteur, et plus tard de la moissonneuse-batteuse (« une usine en mouvement », disait Braudel), permit un bond en avant spectaculaire des rendements, donnant aux paysans la fierté de pouvoir nourrir le pays. Une mission dont ils s'acquittèrent en bons petits soldats, suivant à la lettre les prescriptions des autorités politiques comme des conseillers agricoles frottés d'agronomie : produire, c'était produire plus. Une vérité existentielle jaillit de cette période de croissance. Le cartésien « je pense donc je suis » avait sa variante chez les paysans : « je produis donc je suis ».

Cet hymne à la production fut encouragé par l'autre coup de baguette magique constitué par la révolution chimique. Pour garantir les récoltes, les protéger contre les intempéries, contre les ravageurs et autres nuisances dues aux cycles de la nature, les engrais et fertilisants, souvent dérivés du secteur militaire, vinrent changer la donne et modifier à jamais, pour le meilleur d'abord – le pire viendrait, nous le connaissons –, ce qu'on appelait l'ordre immuable des champs. Pesticides et fongicides nettoyèrent les cultures et accompagnèrent avec une efficacité incontestable les progrès dus à l'entrée massive des machines dans les campagnes. Ce couple de la modernité, tracteurs et intrants, permit à l'évidence au monde paysan d'être au rendez-vous fixé par la Nation. Sans que nul ne mesure vraiment qu'en croyant s'affranchir d'une tradition de misère les nouveaux pionniers de la terre allaient entrer dans une dépendance infernale : un engin agricole à moteur ne se nourrissait pas de foin et de fourrage comme une paire de bœufs, mais de diesel dont le prix était fixé sur des marchés mondiaux. Il en allait de même des engrais nouveaux et des produits chimiques nécessaires pour maintenir à la hausse la course aux rendements. Sans compter la nécessité pour les paysans devenus agriculteurs et aussi exploitants de grossir pour ne pas disparaître, dans un processus darwiniste où seuls les plus forts subsistaient : cultiver plus de terres, élever des troupeaux avec plus de têtes, s'équiper de tracteurs et de machines toujours plus puissants, gourmands en énergies non renouvelables. Et bien sûr, supporter un endettement croissant que seule la frénésie à produire pouvait soulager. Un engrenage fatal.

L'idéologie n'était pas complètement absente de cette fuite en avant que conforta la création de la politique agricole sur le plan national (la fameuse cogestion de l'agriculture entre les pouvoirs publics et le syndicat majoritaire, la FNSEA) et sur le plan européen avec la naissance de la PAC (Politique agricole commune) dès 1957. Il ne s'agissait plus seulement de produire pour se nourrir. Mais de produire pour vendre sur les marchés d'exportation. De se forger une véritable arme alimentaire. Avec le blé comme pointe de l'épée. Dans cette époque triomphante qui culmina au début des années 1980, il n'était pas rare d'entendre les professionnels du blé s'enorgueillir de leurs performances sur les marchés mondiaux, présentant leur contribution positive à la balance commerciale en équivalent Airbus. En se comparant à un fleuron de l'industrie européenne, les dirigeants agricoles français faisaient ainsi d'une pierre deux coups : ils (se) prouvaient qu'ils évoluaient désormais dans les plus hautes sphères de la modernité et qu'ils rivalisaient avec l'excellence industrielle.

Dans ce concert du progrès, les agriculteurs français, mieux que leurs voisins immédiats, trônaient au premier rang. Comme l'URSS avait érigé en héros l'homme de fer à travers l'ouvrier modèle Stakhanov, la France s'incarnait dans cet homme de terre moderne, un surhomme de la terre capable d'exploiter à lui seul des centaines d'hectares à l'aide de grosses machines bourrées d'informatique, d'atteindre des rendements dépassant cent hectos à l'hectare. Entre Stakhanov et notre paysan changé en exploitant agricole surperformant, un point commun tout de même : le productivisme et ses dangers.

Mais dans ces Trente Glorieuses devenues plus glorieuses encore en termes de croissance après les accords d'Évian, l'atout français fut mis en avant par des historiens tels Georges Duby et surtout Fernand Braudel dans son maître ouvrage intitulé *L'Identité de la France* (1986). Un des trois tomes de ce travail monumental porte précisément sur nos campagnes et leur incroyable mutation. Au soir de sa vie, l'historien observe que le chambardement de la France rurale l'emporte à ses yeux sur tous les autres « dans la France d'hier et plus encore d'aujourd'hui ». Mais avant tout, Braudel souligne avec force exemples en quoi, par la richesse et la diversité de ses terres comme de ses climats, par l'ancienneté et la pertinence de ses savoirs, et plus encore peut-être, par son âme et par sa culture, notre pays est par nature, ou par destinée, un pays agricole, pour ne pas dire *le* pays agricole. Et c'est cet imaginaire-là qu'ont véhiculé puissamment les Trente Glorieuses. Plus que l'Allemagne où naquit le capitalisme sur les bases du protestantisme, et l'industrie par accumulation du capital (lire les explications lumineuses de Max Weber). Plus que les Pays-Bas qui d'emblée furent les rois de l'échange et du commerce. La France, revoici Sully, était et serait une terre nourricière, à vocation universelle comme les droits de l'homme…

Si la guerre froide était encore le lieu de tension des idéologies anciennes, le culte de la consommation tint lieu de nouvelle religion dans la vie des Français dès le début des années 1960. Le boom des équipements électroménagers, de la voiture individuelle et du prêt-à-porter montraient que les heures d'après-guerre, où l'horizon immédiat était de se nourrir, étaient révolues. La frénésie à consommer s'imposa dans une société de plus en plus individualiste aiguillonnée vers de faux besoins par le matraquage publicitaire et l'essor de la grande distribution. Cette consommation de masse, en réduisant la priorité alimentaire, a déplacé les lignes de l'imaginaire agricole. L'injonction n'était plus de produire suffisamment mais de produire à moindre coût afin de permettre aux ménages d'orienter leurs dépenses vers des biens manufacturés, en attendant le boom des magnétoscopes et des voyages bon marché au bout du monde, bien avant la révolution numérique…

Si le pays éprouvait une certaine gratitude pour les paysans devenus agriculteurs-exploitants, il n'en attendait pas moins des efforts, l'idée sous-jacente étant que les politiques publiques, de Paris à Bruxelles, les avaient largement soutenus, sinon enrichis. L'injonction sociétale les forçait à pratiquer des prix plus raisonnables, donc plus bas. Une pression qui conduisit une partie non négligeable des agriculteurs à forcer encore sur les rendements, sans égard pour la qualité des sols, des nappes phréatiques, ni pour l'estomac des consommateurs qui n'avaient que ce qu'ils méritaient : s'ils voulaient manger moins cher, alors ce serait moins bon… Les variétés rustiques de céréales cédèrent le pas aux variétés à croissance plus rapide mais à qualité nutritionnelle moindre, et on vit les côtes de veau aux hormones fondre au fond des poêles, tandis que les poulets de batterie nourris dans des hangars sans voir le jour, à la lueur d'ampoules électriques, devenaient la norme d'une société de consommation en perte de repères et de valeurs, s'empoisonnant aveuglément. L'agriculture était allée trop loin dans les processus d'industrialisation et d'artificialisation. C'est le ministre de l'Environnement de François Mitterrand, Brice Lalonde, surnommé « Lalonde de choc » dans les campagnes, qui sonna le glas de cette frénésie destructrice des rendements, lorsqu'à l'orée des années 1990, il reprocha publiquement aux agriculteurs d'être des pollueurs. La FNSEA cria à la trahison et à l'humiliation. Qu'en savaient-ils, les écologistes, de ces défis surhumains qu'avait relevés le monde paysan depuis la dernière guerre ?

Protéger et produire

Le tournant fut lent à prendre, mais un coin était enfoncé dans l'imaginaire moderniste, presque futuriste, véhiculé par l'agriculteur moderne relié au monde, aux marchés de Chicago comme aux consommateurs d'Égypte, de Russie ou d'Afrique. Le spectacle d'exploitants revêtant des combinaisons dignes de celles de cosmonautes pour épandre leurs produits chimiques à travers champs ne manqua pas d'interroger, puis d'inquiéter. Ces épandages étaient-ils si dangereux ? Et dans ce cas, que risquaient les populations riveraines, et les écoliers à proximité dont les professeurs finissaient par fermer les fenêtres des classes pour éviter malaises et intoxications ? C'est ainsi que la décennie 1990 fut le moment aigu de la prise de conscience des excès de l'agriculture moderne qui avait relégué la terre au rang de simple capital en négligeant les fonctions non productives du métier d'agriculteur. Revaloriser le mot « paysan » aurait permis de discerner ce qu'il contenait de promesses différentes, on dirait aujourd'hui d'avenir durable : paysan, pays, paysage. Produire ne pouvait être une fin en soi. À côté de l'agriculture de production située dans les grandes plaines céréalières et dans les zones d'élevage intensif – la baie de Saint-Brieuc rebaptisée baie des Cochons –, s'est peu à peu affirmée une agriculture de protection. Protection de l'environnement, des sols, de l'eau, des humains. Promotion des écosystèmes économes et autonomes, utilisant peu d'intrants chimiques, privilégiant le recours aux pourvoyeurs naturels d'azote, assolements triennaux, jachères, plantation sur les terres nues de trèfle, luzerne et autres couverts végétaux afin d'éviter l'érosion. Replantation de haies détruites aux temps de l'intensif extrême, lorsque les prix du blé étaient si élevés que les exploitants auraient semé des graines jusque dans les fossés et les cours de ferme pour ne pas perdre le moindre arpent de terre cultivable. Valorisation de l'activité agricole dans les zones sensibles, piémonts et montagnes, petites fermes morcelées du Massif central et des bocages, partout où l'agriculture comptait moins pour sa contribution à produire que pour sa capacité à rendre viable et vivable l'espace rural pour le reste de la population, entretenant champs et chemins, drainant les fossés, donnant aux territoires enclavés une impulsion humaine autant qu'économique, évitant qu'une frange non négligeable du pays ne se change en désert.

Sans doute, avec le recul, peut-on regretter que les organisations agricoles majoritaires – la FNSEA, toujours – n'aient pas saisi cette opportunité pour accompagner les agriculteurs dans une mutation qui les aurait libérés d'un productivisme forcené et par bien des aspects suicidaire. Certes, il était difficile pour des générations d'agriculteurs formés à l'art de produire toujours plus de se projeter en jardiniers de la nature, en tondeurs de gazon, disaient les plus sceptiques prompts à la caricature. Il y avait là pourtant l'amorce d'une évidence que le XXIe siècle a transformée en urgence, réchauffement climatique et bétonisation inquiétante des terres arables obligent : rééquilibrer production et protection. Et faire naître à côté d'une agriculture nécessaire de hauts rendements une agriculture de peuplement, qui occupe l'espace davantage qu'elle n'alimente les échanges mondiaux. Cet aggiornamento aurait supposé une prise de conscience plus rapide du monde agricole, de toute la technostructure qui va de l'Inra aux conseillers agricoles en passant par les élus ruraux et les ministres de l'Agriculture qui se succèdent rue de Varenne depuis au moins trois décennies. Les plus anciens se souviennent de cette révolution silencieuse qu'opéra au milieu des années 1960 la paysannerie française, sous l'impulsion de deux visionnaires, Edgar Pisani et Michel Debatisse, l'un ministre de l'Agriculture du général de Gaulle, l'autre président du syndicat des jeunes agriculteurs, le CNJA. Sous l'impulsion de ces deux personnalités, la modernisation des exploitations connut une accélération sans précédent, soutenue par une recherche à la pointe du progrès (le productivisme était alors le seul visage du progrès), un Crédit agricole au service des exploitants les plus dynamiques, et une croissance qui épongeait à vitesse grand V les surplus de bras issus des campagnes pour les intégrer qui dans la fonction publique, qui dans le bâtiment et les secteurs industriels en expansion. Cette révolution fut précisément nommée « silencieuse » car l'hémorragie humaine se déroula sans heurts ni manifestations, les anciens paysans ayant trouvé leur place dans une société de plein-emploi qui leur offrait des perspectives nouvelles et attrayantes au plan matériel. Pendant ce temps, nos campagnes changèrent de physionomie avec le remembrement des terres, les arrachages de haies, les subsides de Bruxelles et les prêts bancaires pour permettre des investissements générateurs de dette mais aussi de bien-être : les fermes furent mieux équipées en machines, les demeures des agriculteurs virent apparaître des salles de bains, un mobilier dernier cri et tout le confort qui était jusqu'ici l'apanage de la ville et des citadins.

Ce modèle, on l'a dit, conduisit à des excès que nous payons collectivement aujourd'hui, avec un monde agricole montré du doigt comme fauteur de pollution et de dégradation du lien de confiance entre producteurs et consommateurs. Mais ces derniers ont leur part de responsabilité dans le statu quo productiviste qui les arrangeait bien, leur permettant d'accéder à une nourriture bon marché. Jusqu'à la percée relative de l'agriculture bio depuis les années 2000, peu de consommateurs se disaient prêts à payer plus cher leur nourriture, à la fois pour accéder à des produits sains et dûment traçabilisés, et pour soutenir une autre agriculture, respectueuse de l'environnement, des cycles de la nature, et susceptible de maintenir à la terre les exploitants plus fragiles, en marge du modèle dominant. C'est ainsi : il aura fallu que se multiplient les alertes sanitaires, de la crise de la vache folle à la grippe aviaire, et jusqu'à la pandémie de Covid qui a redonné de l'attrait à la vie loin des villes, pour qu'un autre imaginaire soit peu à peu conçu comme une alternative crédible à l'agriculture industrielle et mondialisée. Une agriculture tissée de circuits courts, de productions locales redécouvertes et encouragées au détriment de produits lointains venus par avion avec une empreinte carbone désastreuse. Si nous n'en sommes pas arrivés au rêve de l'humoriste Alphonse Allais qui préconisait, pour le bonheur de chacun, de construire les villes à la campagne, il est vrai que nombre de Français aspirent à cette vie plus lente, plus proche de la campagne (la nature a en réalité quasiment disparu, avalée par les ceintures toujours plus étendues des villes et du territoire périurbain), plus authentique dans les modes de consommation.

Une nouvelle modernité

Ces tendances créent-elles pour autant un modèle nouveau, nourri par un imaginaire où la modernité de l'agriculture viendrait féconder des unités de production plus petites, à taille humaine, dans lesquelles l'activité dominante (cultiver, élever du bétail) serait associée à d'autres propositions relevant de l'entretien des paysages, de l'agrotourisme, de l'agroforesterie, de la production d'énergies renouvelables, qu'elles viennent des éoliennes, des panneaux solaires ou de la méthanisation ? Peut-on réinventer en 2024 ce qui fut le salut de l'agriculture la moins rentable des années de croissance, la polyculture-élevage, permettant à des milliers de paysans de rester à la terre en des espaces où leur disparition aurait sonné le glas de nombreux villages, d'écoles, de services publics, de la vie tout simplement ? Il serait opportun que les tenants des grandes cultures, les agriculteurs de plaines et de pleins champs, se mettent à « penser comme une montagne », référence à cette agriculture d'altitude qui, dans le dernier quart du XXe siècle, était condamnée à disparaître selon le seul critère de la rentabilité. Le désœuvrement frappa les sommets puis les zones de piémont. On vit des terres labourables retournées en herbe et la friche fleurir en silence. La forêt vosgienne enferma l'espace jusqu'à l'étouffer. On prit alors la mesure de la catastrophe à l'œuvre : un dommage social causé par la disparition soudaine d'un labeur ancestral et régulier. La montagne désertée par l'homme devenait inaccessible, dangereuse, imprévisible, théâtre d'avalanches, de glissements de terrain, de griffes d'érosion. Seule la renaissance durable d'une agriculture de montagne a pu enrayer l'irrémédiable. Les paysans des vallées et des contreforts se sont réinventé un métier à plusieurs cordes, valorisant les alpages et les produits à label, tantôt producteurs de fromage, tantôt bergers, cantonniers, forestiers ou moniteurs de ski. Fidèles à l'observation d'Henri Mendras jadis, auteur de *La Fin des paysans* (1967), pour qui « l'agriculture est un art de localité ». Vérité ici, mais pas forcément au-delà.

La tendance, hélas, n'est pas celle-là. Le mouvement de colère, pour ne pas dire de désespoir, des agriculteurs au printemps 2024, a montré que le monde paysan ne parlait pas d'une seule voix. Si ceux qu'on appelle « les petits » font entendre la leur, les plus gros, ceux dont Bruxelles continue de soutenir à coups de subventions la capacité à produire, n'entendent pas changer leurs pratiques ni, surtout, l'image qu'ils renvoient d'eux-mêmes, du haut de leurs engins futuristes et de leurs tracteurs à quatre roues motrices. Les premiers sont souvent de jeunes agriculteurs qui ont choisi la terre comme une vocation. Avec ce slogan lu dans les convois de manifestants : « Enfants on en rêve, adultes on en crève. » À observer toutes les images qui ont alors déferlé sur nos écrans, on pouvait croire que l'agriculture, comme la République, était une et indivisible. C'est pourtant une illusion d'optique et une erreur de le croire. Le discours sur l'unité paysanne, forgé dès l'après-guerre, avait pour objectif de permettre une négociation privilégiée entre les pouvoirs publics et une profession sagement rangée derrière la FNSEA. On pourrait dire que cette cogestion de l'agriculture réglait les problèmes paysans avec les représentants du monde agricole. La conférence annuelle État-syndicats avait pour but de définir le cadre budgétaire de la politique agricole, en plus des aides de la PAC distribuées généreusement aux plus performants, aux tenants de l'agriculture intensive, aux plus polluants aussi.

L'unité de façade s'est fracturée après les deux chocs pétroliers de 1973 et 1979, lorsqu'une partie de l'agriculture s'est modernisée, utilisant des machines toujours plus grosses et des intrants chimiques toujours plus nombreux, tandis que la paysannerie traditionnelle, celle de la polyculture-élevage de nos livres de géographie, se mettait à péricliter, faute de soutiens publics et de revenus suffisants. Les syndicats majoritaires entretenaient l'image d'une agriculture unique et mobilisée par les mêmes intérêts. Les gros adhérents de la FNSEA, les céréaliers de la Beauce ou les gros éleveurs porcins, étaient comparables, toutes proportions gardées, aux entreprises du CAC 40, et les petites exploitations à de toutes petites PME à peine viables. Ces agriculteurs que l'on a vus manifester, couper les routes ou dormir dans leurs bétaillères, appartiennent à cette catégorie, et vont hélas disparaître. On se croirait dans la pièce de Boris Vian, *Le Goûter des généraux*, qui déclarent la guerre et ne la font pas. Les petits paysans sont les fantassins d'une bataille où se jouent surtout les intérêts des exploitants industriels qui reçoivent plus de la moitié des subsides.

La réalité est que notre agriculture a changé de nature. Après la « révolution silencieuse », nous vivons ce que les sociologues François Purseigle et Bertrand Hervieu appellent aujourd'hui la « révolution indicible », et d'une certaine façon invisible, c'est-à-dire l'avènement d'une agriculture sans agriculteurs, titre de leur ouvrage paru en 2022. Pour le dire simplement, mais aussi brutalement, le modèle de l'agriculture familiale a quasiment disparu en France. Nous sommes passés de la ferme à la firme. Les fermes usines, détenues par des capitaux souvent extérieurs à l'agriculture, représentent désormais une large part de la production nationale. L'agriculture familiale n'occupe qu'une part minoritaire des exploitations et assure à peine 30 % de l'offre alimentaire. Là où jadis un homme et une femme exploitaient une ferme, se substitue un modèle de sous-traitance, d'entreprises de travaux agricoles qui vont de l'ensemencement à la récolte. Les ouvriers agricoles qui s'emploient d'une entreprise à l'autre supplantent les paysans enracinés dans leur terre et soucieux de transmettre leur activité qui était aussi un mode de vie. C'est cette réalité nouvelle qu'il nous faut regarder et écouter. Les paysans au bout du rouleau que nous avons vus et entendus au printemps 2024 sont ceux que le système économique moderne de l'agriculture a déjà condamnés. Et il est forcément difficile de nourrir un imaginaire désirable lorsque l'agriculture offre ce visage de plus en plus anonyme et rebutant de travailleurs indistincts de la terre qui s'emploieraient un jour ici un jour ailleurs, tels des mercenaires. Tels surtout des hommes sans racines, sans attache fixe, sans histoire, dans une société qui justement ne demande qu'à s'enraciner.

Que faire ? Sans doute n'est-il pas trop tard pour imaginer un futur où le rat des villes et le rat des champs se donneraient la main pour construire ensemble du commun. Sur le plan local, les initiatives individuelles foisonnent de ce nouveau contrat social où les paysans déneigent les routes communales en hiver, entretiennent les chemins avec leurs machines, plantent des piquets, moyennant une rétribution complémentaire à leurs revenus purement productifs. On assiste aussi à l'arrivée de nouveaux agriculteurs non issus du monde de la terre, délivrés des pesanteurs et des préjugés du passé sur ce que doit être leur métier (car il s'agit bien d'un métier qui s'apprend et s'éprouve sur le terrain). Ce recul de la consanguinité paysanne est de nature à faire évoluer les mentalités d'une profession qui, même si elle vit au grand air, semble mentalement évoluer dans un univers clos qui nécessite de s'ouvrir sous peine de s'asphyxier et dépérir.

Nous le disions pour commencer, l'effort attendu est d'abord celui de l'imagination. Quel portrait de l'agriculteur (nous) fera rêver demain ? De la même façon que la révolution de l'après-guerre fut technologique, celle du futur devra mobiliser tous les moyens numériques et robotiques innovants susceptibles de faire éclore ce que la chercheuse italienne Francesca Carlotta Brusa appelle « l'agriculture 4.0 » (*Le Grand Continent*, novembre 2021). Pour entrer dans un cercle vertueux, à savoir respectueux des ressources en eau, de la richesse des sols et du climat, il faudra, observe-t-elle, déclencher « une sorte de révolution technologique et numérique, caractérisée par la fusion des pratiques agronomiques de précision avec l'ingénierie informatique, qui permet l'utilisation harmonieuse et interconnectée de différentes technologies pour l'amélioration du rendement et de la durabilité des cultures ».

Mais l'avenir agricole ne saurait se limiter à une vision purement « geek » porteuse d'une modernité sans humanité. Sans doute la plus grande révolution consistera-t-elle à partager un destin commun entre les agriculteurs et les citadins, et l'ensemble des citoyens. De ce point de vue, l'essor de ce qu'il est convenu d'appeler « l'agriculture verticale » – des tours et des structures murales dans les villes pour y cultiver des céréales comme des légumes – est une perspective stimulante autant que passionnante. Économiser les sols, économiser l'espace, permettre une récupération systématique des déchets, produire en continu dans un milieu contrôlé et un dosage optimum de l'eau comme des intrants, ce tableau de science-fiction est déjà presque demain, si on se réfère aux expériences américaine, sud-coréenne ou japonaise. Cette entrée du vert dans la ville dessine sans doute les sillons du futur. Car malgré les fortes vagues d'exode rural depuis 1945, malgré la diminution spectaculaire du nombre de paysans et d'exploitations (de plus d'1 million à moins de 300 000), malgré enfin le recul numérique des élus issus des campagnes, l'agriculture restera une composante existentielle de l'identité de la France. À condition de trouver son nouveau souffle.

Quelle culture pour tous ?

THOMAS SCHLESSER

Dans le domaine culturel, l'action de l'État se caractérise depuis un demi-siècle par une obsession pour la démocratisation. Depuis André Malraux, tous les ministres en charge de la Culture, ou presque, ont fait du mot d'ordre de la démocratisation culturelle leur leitmotiv, portés par l'idée que rendre le patrimoine et la création accessibles au plus grand nombre constitue l'alpha et l'oméga d'une politique véritablement démocratique. Depuis, le grand récit de la politique culturelle a pu connaître d'autres étapes, se focalisant sur la démocratie culturelle et insistant sur la nécessité d'une ouverture à d'autres cultures et à des artistes jusque-là méprisés. Un demi-siècle plus tard, les mots d'ordre demeurent, malgré des constats d'échec répétés. Comment alors réinventer un nouvel imaginaire de la culture qui soit véritablement démocratique, qui ne se contente pas de répéter les mantras d'une démocratisation culturelle introuvable ?

Le vœu de démocratiser la culture procède d'un immense espoir après-guerre et de nombreuses initiatives qui essaiment entre 1945 et le début des années 1980. Elles sont pour certaines extrêmement connues et identifiées, pour d'autres bien plus discrètes et méritant une revalorisation historique. Ainsi, à gauche, une femme comme Madeleine Rousseau, conservatrice et critique, animatrice de la revue décoloniale *Le Musée vivant*, ne se contenta pas d'encourager les conférences sur l'art dans une perspective d'éducation populaire. Elle eut à cœur de prendre par la main des individus de toute origine sociale pour les emmener au sein même des ateliers de peintre d'avant-garde des années 1950, ceux de Charles Lapicque ou Émile Gilioli par exemple. Elle déclara dès 1949 qu'il fallait initier les ouvriers à l'art abstrait, ce qui lui coûta d'ailleurs sa place au Parti communiste cette même année, celui-ci ne jurant que par le dogme du réalisme socialiste… Infiniment plus connu, le cas de Jean Vilar au théâtre marque une des plus belles aventures de démocratisation de la culture des Trente Glorieuses. À Avignon, en 1947, lors d'une saison qui préfigurait ce qui deviendra un an plus tard le plus célèbre festival d'art dramatique au monde, il n'hésita pas à prendre les textes les plus exigeants du répertoire classique et contemporain, à les faire interpréter par les plus grands comédiens dans des lieux immenses, et à pratiquer des prix d'entrée très bas. Ses trois représentations de *Richard II* de Shakespeare dans la cour du Palais des papes attirèrent 2 866 spectateurs.

Dès son accession à la rue de Valois en 1959, André Malraux fonde la politique de démocratisation culturelle sur un double imaginaire d'universalité pour la culture. L'enjeu d'une adhésion populaire à la culture est le premier pilier d'une universalité par l'accessibilité : c'est le credo de la culture pour tous, qui s'inscrit par ailleurs pleinement dans la massification des Trente Glorieuses. L'accès à la culture est pensé comme le pendant spirituel de l'accès aux marchandises, dans une société alors en pleine transformation économique et sociale.

Par ailleurs, « l'ami génial » du général de Gaulle défend alors l'idée que l'accès des citoyens ordinaires à la culture leur permettrait d'atteindre l'universel par le choc esthétique de leur rencontre avec l'art et la création. Dès lors, la priorité absolue en ce double domaine a consisté d'une part à favoriser l'accès au patrimoine historique et esthétique (églises, châteaux, classiques de la musique ou de la littérature, collections de peinture…) ; d'autre part, la politique culturelle a entrepris de favoriser l'accès aux pratiques artistiques, qu'il s'agisse de violon, d'aquarelle, de poésie, mais encore, plus récemment, de mode, de design, de danse urbaine ou d'improvisation théâtrale. La démocratisation de la culture bénéficie d'une structuration et d'une assise politique à l'échelle nationale. Malraux s'attelle entre autres, en ce sens, à l'ouverture des Maisons de la culture, en débutant par celle de Bourges, inaugurée le 18 avril 1964. Pendant son discours, il se réjouit explicitement de l'adhésion de la province. On l'entend se féliciter à la tribune que, dans une ville de 60 000 habitants, une salle entière de gens se soit dérangée « pour le domaine de l'esprit. » La société des Trente Glorieuses tient en effet pour acquis que jouir des œuvres du passé et en élaborer de nouvelles contribue à l'émancipation individuelle et collective et entre dans le faisceau du progrès. En outre, favoriser cet accès, c'est se tourner vers des franges de population qui, statistiquement, ont beaucoup moins de chance de baigner organiquement dedans, à commencer par les périphéries pauvres des grandes villes et les milieux ruraux.

L'espoir de Malraux était magnifique, mais trop surplombant, théorique et intellectuel pour s'accomplir comme il l'eût souhaité. Les critiques quant au bien-fondé et surtout à l'efficacité de cet imaginaire de double universalité de la culture n'ont pas manqué de fleurir, et ce dès les années 1960, avec l'enquête consacrée aux musées et à leurs publics, menée par Pierre Bourdieu en 1966 et publiée sous le titre *L'Amour de l'art*. Bourdieu démontre alors ce que tous ceux qui s'intéressent à la politique culturelle savent depuis : la démocratisation peut massifier le public de la culture, mais ne le diversifie pas socialement, et continue d'être l'apanage d'une minorité issue des classes sociales les plus favorisées. Malgré ce constat d'échec, l'imaginaire et la politique de démocratisation de la culture continuent d'apparaître, ministre après ministre, discours politiques après discours politiques, comme un objectif qui ne souffre guère de questionnement, encore moins de contestation frontale. Il y a autour de cette ambition un consensus global, peu enclin à examiner les impasses.

Un imaginaire euphorique

Les années Lang marquent une évolution substantielle. La démocratisation de la culture y demeure un objectif mais il s'y superpose un autre : celui de la démocratie culturelle. La nuance est de taille. Car, sans que les publics soient négligés, c'est dorénavant la pluralité de toutes les cultures et des conditions de possibilité de leur expression qui importe au premier chef. Conséquence logique : il en émane un élargissement sans précédent du spectre de ce que l'on entend communément par art, culture ou création, avec la légitimation de la publicité ou de l'industrie vidéoludique, entre autres exemples ; il en germe aussi de nombreux équipements (prestigieux musées modernes à Saint-Étienne, Grenoble ou Nice, Fonds régionaux d'art contemporain…) entretenus par un personnel qu'il faut former et engager ; il en naît également des rendez-vous annuels avec des événements largement orchestrés par la puissance publique, dont les fameuses fêtes de la Musique (1982) ou du Cinéma (1985).

Ces fêtes sont d'excellentes clefs d'entrée pour comprendre ce qu'est devenu notre imaginaire actuel de la culture et en désamorcer certains pièges. De plus en plus d'artistes sont invités à faire valoir leur talent, qu'il s'agisse, selon l'occasion, d'interpréter un opéra ou de faire des grands décors urbains façon street art, et de plus en plus de public est invité à en profiter, à en jubiler. La culture, comme le Paris de Hemingway, s'apparente à une fête dont l'espace tendrait à s'amplifier sans cesse, encore et encore, avec des attractions pour tous les goûts, pour tous les âges, l'ensemble cohabitant dans une heureuse euphorie. C'est parfois agaçant, brouillon, bruyant, c'est parfois aussi remarquable d'inventivité, de couleurs, d'allégresse, de rencontres. C'est une fête… Avec une hantise : qu'elle commence à s'éteindre. Car l'euphorie a ceci de très particulier qu'elle ne disparaît pas quand elle a disparu complètement, elle disparaît sitôt qu'elle commence à disparaître… Voici l'un des écueils de la dynamique – au demeurant louable – des Trente Glorieuses : sa volonté de démocratisation a tourné à l'imaginaire euphorique et cet imaginaire dérive vers l'emballement holistique – tous les arts, tous les lieux, tous les temps, tous les gens, brassés ensemble.

Les années Lang ont en fait pris des formes qui, tout en s'écartant des schémas malruciens, en ont reproduit certaines des impasses déjà manifestes, et ont même développé quelques « pathologies » qui contreviennent aux aspirations démocratiques de la société. En effet, fatalement, les frustrations se sont multipliées et, avec elles, des fractures d'autant plus fortes que la culture constitue, sur le plan symbolique, un pan non négligeable des représentations que la société se fait d'elle-même. Loin de n'être qu'un supplément d'âme, elle construit nos identités, nos fantasmes et nos craintes. Or, que se passe-t-il ? Malgré cet imaginaire de l'euphorie, et en contradiction avec son emballement holistique, il y a comme un kaléidoscope de contestations découlant d'un sentiment de non-sens et d'absurdité. La culture, qu'elle soit d'ordre patrimonial ou de l'activité créatrice, apparaît souvent aux yeux des franges qui en sont les plus exclues comme une garantie d'entre-soi, faussement généreuse, d'un snobisme toxique – ce qu'avait illustré dans les années 1990 le succès (jamais démenti) de la pièce *Arts* de Yasmina Reza. Quand elle est subventionnée, elle interroge les classes populaires sur l'utilisation de ses impôts dès lors qu'elles ne s'y retrouvent pas ou, pire, quand elles ont l'impression d'alimenter avec leur participation à l'effort collectif des messages qui leur sont systématiquement hostiles. En l'espèce, la tribune d'Ariane Mnouchkine sous forme d'examen de conscience, dans *Libération*, alors que poussait le Rassemblement national lors des élections législatives de juin-juillet 2024, en fut une expression remarquée et qui mérite d'être retenue :

> Je nous pense, en partie, responsables, nous, gens de gauche, nous, gens de culture. On a lâché le peuple, on n'a pas voulu écouter les peurs, les angoisses. Quand les gens disaient ce qu'ils voyaient, on leur disait qu'ils se trompaient, qu'ils ne voyaient pas ce qu'ils voyaient. Ce n'était qu'un sentiment trompeur, leur disait-on. Puis, comme ils insistaient, on leur a dit qu'ils étaient des imbéciles, puis, comme ils insistaient de plus belle, on les a traités de salauds.

Les artistes, de manière plus générale, ont en effet de quoi se poser bien des questions sur eux-mêmes : à quoi sert de produire alors que tant et plus a été dit par d'autres depuis des siècles ? À quoi sert de produire alors que ces productions nourrissent si souvent le logiciel libéral qu'ils adorent par ailleurs dénoncer ? À quoi sert de produire alors qu'elles participent au désastre écologique en enclenchant notamment des compétitions en termes de fréquentation et donc un tourisme exponentiel ? Enfin, avec la montée en puissance de la pensée postmoderne, ce qui était communément considéré comme une culture digne d'une considération universelle, est aujourd'hui remis en cause. C'est ce que fait Françoise Vergès, par exemple, qui prône dans les musées – perçus comme instruments de domination coloniale – un Programme de désordre absolu passant entre autres par la restitution automatique de tout ce qui est réclamé par des peuples qui font valoir leur spoliation.

Tous ces exemples ne signifient pas que l'antienne de la démocratisation de la culture soit complètement obsolète et encore moins une aporie à balayer d'un revers de main. En revanche, les formes d'exercice de la démocratie doivent s'enrichir et le domaine de la culture est un champ absolument rêvé pour cela. En d'autres termes, expérimenter de nouvelles formes à l'échelle de la culture, c'est, potentiellement, s'ouvrir des perspectives politiques qui excèdent les simples problèmes de création artistique ou de patrimoine.

Faire confiance aux citoyens

Les enquêtes du ministère de la Culture démontrent, décennie après décennie, les limites de la démocratisation de l'accès à la culture, et le rêve de Malraux semble bien loin de s'accomplir : si l'écoute de la musique en ligne ou le cinéma touchent une plus grande part des Français qu'auparavant, les pratiques traditionnelles comme le théâtre, la fréquentation des musées, sans parler des centres d'art contemporain ou de l'Opéra, sont loin de réunir une majorité de nos concitoyens. La démocratie culturelle a connu un certain succès en ce qu'elle a permis l'expression d'identités nouvelles dans l'art, parfois méconnues ou méprisées, et elle a profondément transformé la manière dont les artistes pensent leur création à l'aune de leur identité, mais le système n'est pas sans effets pervers. Alors, plutôt que d'ânonner les mêmes mantras, depuis un demi-siècle, de l'accès de tous à des œuvres ou à des lieux, ou encore de l'expression des identités multiples dans la culture comme symboles d'une universalité partagée de l'art et de la culture, pourquoi ne pas changer de perspective et d'imaginaire en s'intéressant à la démocratisation de la commande ?

On s'imagine invariablement les artistes produire au nom de ce que Kandinsky appelait leur « nécessité intérieure », être à la solde de richissimes mécènes privés, ou répondre à des commandes de l'État. Changeons de perspective : qu'arriverait-il si c'étaient les citoyens eux-mêmes qui formulaient, en fonction de leur situation, la nature de leurs besoins d'art ? Alors, la commande artistique ne serait plus seulement celle émanant des élus, de collectionneurs milliardaires, ni l'espèce d'auto-commandement que l'artiste s'impose à lui-même : elle serait une commande venant de n'importe qui. Une commande de citoyens dans une entreprise, un syndicat, une association de quartier, un hôpital, voire une famille…

Un tel basculement d'imaginaire agirait par capillarité sur le versant patrimonial de la culture. En effet, à rebours d'une accumulation exponentielle de création qui abonde un patrimoine dont la collectivité ne peut plus, ne veut plus avoir la charge dans son intégralité tant elle est coûteuse, énergivore, invasive (les fameuses œuvres d'aires d'autoroute ou de ronds-points), il y aurait dans cette démarche une échelle infiniment plus raisonnable où celles et ceux qui ont pris l'initiative de faire produire une œuvre se l'approprieraient pour la conserver.

Cette utopie n'en est pas une et elle m'apparaît particulièrement marquante : c'est celle des Nouveaux Commanditaires, un dispositif inventé par l'artiste François Hers. Des philosophes comme Bruno Latour, Vinciane Despret ou Isabelle Stengers en ont exalté le modèle, celui-ci ayant montré son efficacité en d'innombrables situations en France et à l'étranger et existant depuis longtemps déjà – 1 991 œuvres ont été produites de cette manière. Pendant trente ans, jusqu'en 2021, ce dispositif a été porté par la Fondation de France, qui l'a reconnu comme d'intérêt général. Derrière cette terminologie assez peu explicite, convenons-en, se cache une des alternatives les plus géniales et probantes à l'héritage de l'imaginaire culturel des Trente Glorieuses. Cette alternative consiste à faire confiance aux particularités des demandes et de l'action des citoyens (ou des fractions de la société civile) plutôt que de compter sur l'offre sans fin (comme il y aurait une histoire sans fin) de l'État et de ses composantes ou des élus. C'est-à-dire un vrai pouvoir démocratique aux citoyens, où c'est l'horizontalité d'une demande d'art qui prévaut sur la verticalité d'une offre.

Citons quelques exemples : en 2009, à la demande du personnel hospitalier de l'Institut Paoli-Calmettes à Marseille, spécialisé dans la cancérologie, Michelangelo Pistoletto a entrepris de métamorphoser une chapelle, en en faisant un sanctuaire transcendant les distinctions religieuses traditionnelles – l'artiste parvenant même à intégrer dans son dispositif œcuménique un espace pour les athées. En 2011, *Mémoire en demeure* de Tadashi Kawamata résulta d'une commande d'habitants des Côtes-d'Armor. L'œuvre consistait en une série de structures architecturales éphémères faites de bois et de matériaux recyclés, intégrées harmonieusement dans le paysage local pour créer des espaces de contemplation. Il s'agissait ainsi d'un hommage à la mémoire collective de la région et d'une invitation à une expérience sensorielle immersive. Mais citons encore l'écriture, par Bechara El-Khoury, d'un requiem commémoratif des attentats de 2015, la réinvention complète d'une école par Matali Crasset en Bretagne, la production par Yan Pei-Ming de peintures désanonymisant le personnel d'une cantine universitaire à Dijon.

Ces exemples d'œuvres des Nouveaux Commanditaires, issues de périodes plutôt récentes, on pourrait très bien les faire remonter aux années 1990, en faire valoir l'extraordinaire variété – en termes contextuels et artistiques –, mais on pourrait de surcroît préciser que leur protocole de production a servi de modèle dans d'autres pays (Italie, Allemagne, États-Unis…) et, plus étonnant certainement, dans d'autres disciplines : il existe ainsi (grâce entre autres à la foi qu'avait Bruno Latour en ce dispositif) une branche des Nouveaux Commanditaires en sciences. Il ne s'agit pas d'une perspective théorique, d'un simple manifeste, d'une prescription hors-sol s'enchantant de sa propre audace intellectuelle.

Non : les Nouveaux Commanditaires sont un modèle qui a fait ses preuves dans un champ qui pullule bien volontiers d'utopies sans lendemain.

Un nouvel imaginaire de la culture doit se méfier, justement, du recours confortable à trop d'imaginaire car c'est là sa tentation stérilisante : parler et encore parler, rêver et encore rêver, théoriser sans fin, espérer sans faire, et s'enchanter d'utopies condamnées à rester au stade du papier. Avec les Nouveaux Commanditaires, l'existence concrète procède d'une longue expérience et de multiples expérimentations. Il s'agirait de parier sur son éventuelle extension, car pour son invention, le travail est déjà fait depuis longtemps, en marge des faveurs des médias ou de l'État.

Au XIXe et plus encore au XXe siècle, les artistes, et plus particulièrement ceux des différentes avant-gardes, se sont toujours vus comme le point de départ de la création, avec pour objectif la transformation de la vie collective et individuelle par leurs productions. Tous les manifestes, qu'ils soient expressionnistes, futuristes, surréalistes, minimalistes, pop ou punk, répètent cette antienne qui a complètement façonné les imaginaires actuels. Le léger déplacement consiste à partir d'une demande formulée par l'autre – le commanditaire – et non de l'intime conviction de l'artiste. L'artiste doit écouter l'autre en amont et non pas seulement s'écouter lui-même en espérant que l'autre adhère ensuite en aval. Et dans ce cas, c'est donc bien l'horizontalité de la demande qui s'impose.

Pour faciliter cette rencontre et cette écoute véritablement démocratiques, le dispositif des Nouveaux Commanditaires a imaginé un rôle pour organiser la relation entre les commanditaires, citoyens ordinaires, et les artistes : celui de médiateur. Car faire une œuvre d'art est un domaine exigeant où il faut savoir, grâce à l'expérience, identifier les bons créateurs, les solliciter, engager une discussion, connaître leur univers, leurs techniques, l'évolution de leur carrière, le coût potentiel de leurs productions. Le médiateur est une personnalité qualifiée qui va être à l'écoute des deux parties et qui va tout de suite pouvoir donner une échelle de faisabilité.

C'est lui qui, d'abord, encourage les commanditaires à un vrai travail de discussions, de débats, parfois au prix de rapports de force entre eux. Il les pousse à se formuler exactement ce que sont leur besoin et les raisons pour lesquelles une œuvre d'art y apportera une réponse que la société n'apporte que partiellement ou maladroitement (un besoin mémoriel ou identitaire, par exemple). Cette phase-là, cruciale, est un vrai moment d'autoréflexion démocratique. Et puis, le médiateur connaît le monde de l'art, les peintres, sculpteurs, écrivains, compositeurs, performers, designers légitimes et pertinents. C'est lui, par conséquent, et lui exclusivement, qui est en charge de proposer la commande à un artiste puis de proposer l'artiste approché aux commanditaires. À charge ensuite pour les trois parties d'agir ensemble, de négocier entre elles, de s'entendre, de soulever les dissensus et de savoir les dépasser pour aboutir à une œuvre. Horizontalement donc, à partir d'une demande que l'artiste doit écouter, là où le marché, les musées, les expositions, les événements de toute sorte proposent une offre verticale, descendant, selon la ligne de force romantique classique, du créateur solitaire qui compose vers le public qui dispose. Il convient de le répéter : à ceux qui, en lisant ce texte, pensent que c'est purement théorique, ce modèle horizontal que je décris n'est pas issu des fantasmes de mon esprit. Il est un dispositif existant dont aucun des grands noms sollicités, de Xavier Veilhan à Christian Boltanski en passant par Christopher Wool ou Annette Messager, n'a dit que cela avait été un frein à ses prérogatives, sa liberté ou à son inventivité (bien au contraire), et dont aucun commanditaire ne s'est plaint de l'engagement qu'une telle action supposait.

Vers la maturité ?

En 2020, la planète basculait avec le Covid. Ici et là, notamment sur les réseaux sociaux, les œuvres du passé et la création contemporaine ont alors souvent joué leur petite part consolatoire dans des phases confinées d'angoisse, de souffrance, voire de deuil. L'année suivante, un programme de soutien à la culture a été initié par les pouvoirs publics, intitulé « Mondes nouveaux ». Deux cent soixante projets ont été réalisés sur le territoire, dont les citoyens pouvaient ensuite s'emparer – ce qui n'a pas souvent été le cas. Il y a là l'occasion de s'orienter vers la politique de commande citoyenne que je viens de décrire. Mais les mêmes schémas ont été reconduits, qui consistent à se soucier des artistes et à irriguer leur activité en faisant de la puissance publique, et non des citoyens eux-mêmes, leur source de commande.

Il n'est bien sûr jamais trop tard et, sans que la politique ni les médias n'en considèrent le potentiel, les Nouveaux Commanditaires continuent d'exister à bas bruit librement et concrètement. Pour démocratiser la commande culturelle, les Nouveaux Commanditaires déporteraient le pouvoir des élus vers les citoyens, eux-mêmes considérés comme matures. Il s'agit en effet de faire confiance à la capacité d'agir du citoyen, ainsi qu'en son courage. Sans doute y a-t-il en la matière deux freins psychologiques à faire sauter : cela supposerait de la part des autorités administratives et des élus d'accorder une délégation de pouvoir aux citoyens et à ceux-ci d'oser imaginer qu'ils puissent résoudre les problèmes identifiés. Ce serait une avancée essentielle pour que les formes d'exercice de la démocratie s'enrichissent, car, dans le domaine de la culture et des arts, le citoyen n'existe pas encore comme acteur à part entière, autrement que comme spectateur. L'instaurer acteur de la commande culturelle, ce n'est pas remettre en cause la conception traditionnelle de la culture ou de la démocratie, mais imaginer une nouvelle forme, supplémentaire, de démocratie qui permettrait au citoyen d'agir et non pas seulement de disposer et commenter.

Alors, oui, la conséquence serait immanquablement que l'on s'interroge sur le soutien public aux artistes du simple fait qu'ils sont artistes, afin, peut-être, d'injecter la demande d'art et d'œuvres émanant de la société elle-même dans leur processus créatif. Et ce serait, dans le même temps, un parfait moyen de contrebalancer ce que le secteur privé a pu engendrer d'excessif et d'exclusif : le mécénat de la création en vue de se glorifier soi-même ou l'omnipotence du marché, par exemple. La politique culturelle ne serait plus le fait des ministères mais d'un « nous » de citoyens et de citoyennes à l'échelle de notre besoin d'art et de notre capacité à le formuler.

QUATRIÈME PARTIE

PARTAGER LES POUVOIRS

Pour un nouveau désordre démocratique

SAMUEL HAYAT

« Grève générale », « mobilisation de masse », « convergence des luttes »… Ces expressions, qui ont si longtemps été au cœur de l'imaginaire protestataire, résonnent aujourd'hui étrangement. L'image concrète qu'elles évoquent est devenue comme floue, appartenant à un passé qui s'éloigne doucement, sans que personne n'en acte l'obsolescence. De multiples organisations (syndicats, partis, groupuscules), des journalistes, des universitaires, s'en servent toujours pour donner du sens aux pratiques protestataires, mais la réalité à laquelle ces mots pourraient renvoyer est plus incertaine. Bien sûr, les contestations collectives existent encore, et on peut même penser qu'elles se multiplient : actes de désobéissance civile pour alerter sur l'urgence climatique, dénonciations des violences sexistes et sexuelles par de multiples prises de parole, et même soulèvements populaires comme au moment des Gilets jaunes. Pour autant, certains éléments clefs de ce qu'on a appelé au XXe siècle le « mouvement social » manquent à l'appel. Les citoyens sont toujours disposés à protester, mais semblent bien plus rétifs à se laisser enrégimenter par des organisations capables de *mobiliser* largement leurs adhérents pour construire des *luttes* de *masse*, et ainsi obtenir des *victoires*, voire des *conquêtes populaires*. Ce vocabulaire, qui doit beaucoup à la métaphore militaire, si présent dans les luttes du passé, semble avoir perdu de son pouvoir d'attraction.

Comment, alors, les mouvements protestataires pourraient-ils parvenir à leurs fins, s'ils se trouvent privés de cet imaginaire de lutte ? Comment pourraient-ils restaurer la crainte qu'ils ont inspirée dans le passé au pouvoir, faire pression sur lui ? Comment, à partir de protestations fragmentées, donner à voir *le peuple*, actif et vivant, dont la volonté doit s'imposer en démocratie ?

En retrouvant les clefs, aujourd'hui perdues, du succès des mouvements sociaux des Trente Glorieuses, et en comprenant les raisons du déclin de ce modèle, on pourra espérer tracer les lignes possibles d'un nouvel imaginaire du désordre démocratique.

Les Trente Glorieuses du mouvement social

Le mythe des Trente Glorieuses, fait de réussite économique et industrielle sous la houlette du capitalisme et de l'État, a son pendant du côté du « mouvement social ». Ces années voient en effet la multiplication de luttes victorieuses dans le monde du travail, l'émergence de nouveaux mouvements sociaux qui renouvellent les thèmes et les modes d'action protestataires, et une vague de luttes armées, notamment de décolonisation, réveillant les espoirs internationalistes des révolutionnaires. Ces différents récits ne sont pas antagonistes : les progrès économiques des Trente Glorieuses ont été permis en partie par la pression qu'a exercée, dans ces années, le travail sur le capital, pression renforcée par l'existence du bloc de l'Est et de mouvements révolutionnaires mondiaux, qui a poussé les

États bourgeois et les capitalistes à accorder des concessions aux masses. L'élévation du niveau de vie qui en a résulté a nourri la consommation et donc la croissance, tout en permettant l'émergence de nouvelles valeurs et de nouvelles aspirations. Les Trente Glorieuses, dans leurs aspects économiques, sociaux et culturels, ont ainsi, comme cause souterraine, la puissance du mouvement social.

L'histoire de l'idée de « mouvement social » ne commence pas avec cette période. Elle est intrinsèquement liée à celle, plus longue, du socialisme et du mouvement ouvrier. Dès les années 1830, les saint-simoniens avancent l'idée que la réalité de l'histoire des sociétés humaines est celle de l'organisation de son activité économique, mettant aux prises des classes sociales antagonistes, en particulier la bourgeoisie, dénoncée comme une nouvelle aristocratie, et la classe la plus nombreuse, la plus utile et la plus pauvre : la classe ouvrière, le prolétariat. Mais si le mouvement social s'organise et prend ses formes modernes au XIXe siècle, c'est bien au XXe siècle, et en particulier pendant les Trente Glorieuses, qu'il connaît son âge d'or. En France, ce que l'on peut appeler les Trente Glorieuses du mouvement social sont les trois décennies encadrées par les deux plus grandes grèves générales du XXe siècle : celle de mai-juin 1936 et celle de mai-juin 1968. Les grèves de 1936, massives et marquées par un mouvement sans précédent d'occupations d'usines, suivent la victoire du Front populaire et donnent lieu à la signature par la CGT des accords de Matignon, qui augmentent les salaires et donnent plus de pouvoir aux syndicats, en particulier la possibilité de signer des conventions collectives et d'avoir des délégués du personnel. Quant à la grève générale de mai-juin 1968, la plus importante de l'histoire de France, elle s'inscrit dans un mouvement contestataire plus large initié par le monde étudiant, qui fait vaciller le pouvoir gaulliste, et permet la signature des accords de Grenelle par l'ensemble des syndicats représentatifs, qui obtiennent des augmentations importantes de salaire et la reconnaissance des sections syndicales. Entre ces événements fondateurs, auxquels il faut ajouter la Libération, on trouve en toile de fond la montée en puissance progressive du syndicalisme, qui voit une augmentation sans précédent de son nombre d'adhérents – jusqu'à un tiers des salariés – et de ses capacités légales d'action tant au niveau des branches que dans les entreprises puis dans la gestion de la Sécurité sociale, ainsi qu'une multiplication des grèves nationales (en 1947, 1953, 1963) et de grèves plus localisées.

Le souvenir de cette période, où il était possible d'organiser des grèves massives et d'obtenir par là des succès permettant des améliorations inédites des conditions de travail et de vie, a érigé ces Trente Glorieuses du mouvement social en mythe. Comme tout mythe, il a sa part d'ombre. Le triomphe du syndicalisme a laissé de côté les plus précaires, en particulier les femmes, la main-d'œuvre immigrée, les ouvriers agricoles ou des petites entreprises. Il a focalisé l'attention sur le seul monde du travail, au détriment des multiples luttes des groupes opprimés, pour la reconnaissance et l'obtention de nouveaux droits. Surtout, cette puissance du mouvement social est nécessairement passée par une intégration dans le système : en forçant le patronat et l'État à les reconnaître, à accepter leur représentativité, les syndicats ont bien dû faire de même, nommer des délégués, participer aux instances de représentation, tant au niveau de l'État que dans les entreprises et dans les multiples organes de gestion paritaire et de négociation avec le patronat. Tout cela les a amenés à faire passer au second plan les ambitions révolutionnaires qui avaient marqué les premiers temps de la CGT, et à abandonner les moyens d'action directe les plus illégaux, comme les sabotages. Une catégorie nouvelle de représentants a émergé, les syndicalistes, ayant un intérêt à ce que ce système de négociation se maintienne. Leur importance progressive a renforcé la centralité d'une certaine conception du mouvement social, fondée sur les seules luttes syndicales. Et leur intégration au système n'a pas manqué de faire naître des accusations portant notamment sur leur trahison d'un mouvement social jugé plus authentique, car indompté.

La mémoire de ces Trente Glorieuses du mouvement social n'a donc jamais cessé de diviser les forces contestataires, selon qu'on conçoive cette période comme celle des grandes conquêtes de la classe ouvrière ou celle de sa grande domestication. Les décennies suivantes voient la coexistence, parfois conflictuelle, de plusieurs jugements opposés sur la période. D'un côté, ceux qui croient dans le mouvement social tel qu'hérité des Trente Glorieuses cherchent à répéter ce qui en a fait le succès : développer des contestations de masse, passant par des grèves et des grandes manifestations, avec au premier plan des syndicats puissants. Depuis les années 1980, face aux réformes néolibérales, la perspective de renouer avec les victoires de la grève générale nourrit ces mouvements, généralement initiés par les syndicats, souvent avec le soutien des partis de gauche et d'extrême gauche, avec parfois des succès, comme en décembre 1995 face au plan Juppé. Du côté des critiques, en particulier des libertaires et de l'ultragauche, on présente plutôt cette conception du mouvement social comme une illusion entretenue par les directions syndicales, empêchant de radicaliser les contestations. Ces courants cherchent plutôt à favoriser les stratégies d'insubordination et de luttes autonomes à même de maintenir vivant l'esprit de révolte.

D'autres mouvements encore renvoient dos à dos ces interprétations, accusées de situer la lutte dans un face-à-face entre une classe ouvrière supposée homogène et un ennemi étatique et capitaliste qu'il faudrait faire céder. Ils mettent en avant l'émergence d'autres sujets (féminisme, antiracisme, écologie), qui supposent la *reconnaissance* des groupes opprimés au-delà du seul prolétariat, localisent les formes de pouvoir qu'ils combattent dans la société elle-même, plutôt que seulement dans le capitalisme ou l'État, et insistent souvent sur la nécessité de changer les pratiques ici et maintenant, plutôt que d'attendre un hypothétique grand soir.

Pendant longtemps, l'imaginaire des Trente Glorieuses du mouvement social a écrasé les voix discordantes, qu'elles plaident pour la révolte ou pour aller au-delà du seul conflit de classe. Mais depuis le début des années 2000, cet imaginaire est en perte de vitesse. Plus aucune grève nationale n'a obtenu satisfaction depuis 1995, même si des grèves locales ou sectorielles ont pu obtenir des succès ponctuels. Le seul mouvement de masse qui est parvenu à stopper une réforme néolibérale, celle du Contrat première embauche en 2006, s'est formé à l'initiative d'organisations étudiantes et lycéennes, et sa victoire est vraisemblablement bien plus due aux actions non conventionnelles (occupations, dégradations, manifestations nocturnes) qu'aux seules manifestations ou grèves. Les mouvements contre les réformes des retraites de 2003, 2010, 2020 et 2023 ont tous échoué, malgré une forte mobilisation syndicale, des millions de manifestants et de grévistes pendant plusieurs semaines, voire plusieurs mois. Toujours plus massifs, toujours plus unitaires, au point en 2023 de rassembler l'ensemble des syndicats représentatifs, les mouvements sociaux ne semblent toutefois plus savoir faire fonctionner la recette héritée des Trente Glorieuses. De lutte en lutte, le mythe du mouvement social s'écorne, se transformant en un folklore de moins en moins partagé.

À l'inverse, les mouvements radicaux réussissent parfois à obtenir des succès bien réels, comme la résistance de la Zone à défendre de Notre-Dame-des-Landes face aux tentatives d'expulsion successives, qui aboutit à l'abandon final du projet d'aéroport. Les exemples internationaux comme la révolte zapatiste au Chiapas semblent attester qu'il est possible de reprendre le chemin de l'action radicale, y compris face à un État incomparablement mieux armé que les rebelles. La révolution tunisienne de 2011 a montré la voie du renversement, par un soulèvement populaire non violent, d'un régime dictatorial. Dans les mois qui suivent, elle a été imitée en Égypte, au Yémen, en Lybie, en Syrie, tandis que des occupations de place inspirées de celles de Tunis ou du Caire bourgeonnaient ailleurs, comme en Espagne avec le mouvement dit des Indignés et aux États-Unis avec Occupy Wall Street. Quant aux mouvements qui échappent à l'alternative entre lutte syndicale et révolte, et cherchent à obtenir la reconnaissance et de nouveaux droits pour des groupes jusque-là marginalisés ou mettre de nouvelles questions à l'agenda, ils sont souvent parvenus à transformer la société en profondeur – pensons aux luttes LGBTQ+, féministes, antiracistes, écologistes –, sans que le syndicalisme ni la rébellion n'aient été leurs outils privilégiés, même s'ils en ont parfois emprunté les modalités d'action. Les mouvements sociaux semblent se porter d'autant mieux qu'ils abandonnent ce qui avait permis les grandes victoires des Trente Glorieuses du mouvement social. Mais le prix de cet abandon est élevé : la perte d'une certaine forme de puissance collective.

Le pouvoir contre les luttes

Pourquoi la recette des succès passés du mouvement social ne fonctionne-t-elle plus ? Il existe sûrement des raisons endogènes aux syndicats, qui peinent à s'adapter aux transformations du monde du travail, en particulier ouvrier, et à faire converger les luttes ouvrières avec celles, plus dynamiques, de l'antiracisme politique, du féminisme ou de l'écologisme, aboutissant à une désaffection relative – aujourd'hui, moins de 10 % des salariés sont syndiqués. Mais il y a d'autres causes, à chercher du côté du changement d'attitude des gouvernements, dans les années 2000, vis-à-vis de ces mouvements. Alors que la culture politique caractéristique des Trente Glorieuses supposait, y compris pour les gouvernements conservateurs, de se mettre à l'écoute des représentants du monde du travail et de les pousser à la négociation, le pouvoir exécutif s'est progressivement départi de cette attitude, jusqu'à tout simplement ignorer les mouvements protestataires, ou les envisager seulement sous l'angle de l'ordre public. En dehors de l'outil répressif, utilisé sans hésitation, les gouvernements semblent avoir tout simplement décidé d'arrêter de regarder, d'écouter, et encore plus de parler avec le mouvement social.

La première étape de cette rupture date certainement du mandat de Nicolas Sarkozy. Initiateur d'une loi sur la représentativité syndicale saluée par la CGT et la CFDT, en 2008, il refuse ensuite toute légitimité aux protestations, notamment contre la réforme des retraites menée par François Fillon en 2010 – comme si les syndicats, mieux intégrés dans le système, devaient arrêter de protester. En 2012, le président candidat à sa réélection multiplie d'ailleurs les attaques contre les « permanents syndicaux » et va jusqu'à organiser le 1er mai 2012, entre les deux tours, une fête du « vrai travail », explicitement orientée contre les syndicats, les enjoignant de « poser le drapeau rouge » pour « servir la France ». Une deuxième phase intervient durant le quinquennat de François Hollande, avec les manifestations contre la loi Travail du printemps 2016 ; la gauche au pouvoir fait subir aux syndicats opposés à cette loi le même traitement que la droite en 2010, passant outre les oppositions, y compris dans son propre camp, en ayant recours à l'article 49.3 pour faire passer la loi. En réponse, la contestation se radicalise avec le lancement de Nuit debout, une occupation de la place de la République à Paris et la mise en place systématique d'un cortège de tête, rassemblement de manifestants venant se positionner devant le carré de tête syndical – prise de pouvoir symbolique des autonomes sur les manifestations. Cette attitude consistant à faire comme si le mouvement social n'existait pas est ensuite reprise et amplifiée par Emmanuel Macron, qui, face aux Gilets jaunes comme aux mouvements contre la réforme des retraites, oppose soit la répression, soit des solutions désajustées, comme le Grand Débat. Alors que le mouvement social hérité des Trente Glorieuses supposait la possibilité d'un dialogue avec le pouvoir, dans lequel était reconnue et valorisée la capacité des représentants du monde du travail à défendre leurs revendications, les autorités, en se dérobant, privent le mouvement social de parole, le condamnant à l'impuissance.

Une telle impasse révèle, par contraste, ce qui était peut-être la condition de ces Trente Glorieuses du mouvement social : derrière les manifestations, derrière les grèves, le pouvoir voyait encore la possibilité, certes contenue, de la révolte. Durant cette période, les organisations du mouvement social, en particulier les syndicats, pouvaient encore se présenter face à l'État comme des outils indispensables de contrôle des masses qui, autrement, auraient pu mettre en danger l'ordre social. Les accords de 1936 et de 1968 étaient nécessairement à la fois des succès et des trahisons, des succès dans la mesure où les syndicats (et, à l'époque, le Parti communiste) avaient une monnaie d'échange, leur capacité à stopper une révolte dont l'État avait peur, et donc à la trahir. Quand le secrétaire général du PCF, Maurice Thorez, en 1936, dit qu'« il faut savoir terminer une grève dès que la satisfaction a été obtenue », il s'adresse bien sûr aux grévistes, mais aussi à l'État, à qui il entend montrer, ou faire croire, qu'il a la capacité de mettre fin au désordre. La manifestation, pendant les Trente Glorieuses du mouvement social, est toujours porteuse de la menace implicite d'une insurrection, comme la grève charrie la possibilité du sabotage ou de l'occupation, évitée parce que les syndicats tiennent les foules par la bride. Peut-être que cette menace était elle-même un mythe, jouant sur une peur fondamentale que le pouvoir avait des masses incontrôlables ; mais il s'agissait d'un mythe agissant, et les syndicats, ainsi que le PCF, pouvaient apparaître comme les seuls capables de dompter le lion populaire.

C'est cette mécanique qui se grippe avec la fin des Trente Glorieuses, et la révèle au pouvoir non plus comme mythe, mais comme simple mystification. À partir du moment où, avec Nicolas Sarkozy notamment, le pouvoir se met à traiter les syndicats comme des joueurs de poker qui ne feraient que bluffer, il peut bien les ignorer, voire les mépriser ouvertement ; que vont-ils faire ? Prendre les armes ? À l'idée démocratique selon laquelle il est nécessaire de prendre en considération un mouvement regroupant des millions de personnes qui protestent, se substitue un rapport de force sous sa dimension la plus plate. Mais il s'agit d'un rapport de force factice, inéquitable, car l'État dispose de la loi et de la police, tandis que les syndicats n'ont pas ou plus les moyens, ni la volonté, de laisser se déchaîner une révolte populaire qu'ils ont eux-mêmes affaiblie.

Raviver le spectre de la révolte

Tout semble alors indiquer que la seule manière pour le mouvement social de retrouver sa capacité à construire un rapport de force avec le pouvoir est de raviver le spectre de la révolte. Tant que les gouvernements peuvent se permettre d'ignorer des contestations, même massives, il ne sera plus possible de rien obtenir par des grèves et des manifestations. Il faut donc les amener à se dire à nouveau qu'il y a beaucoup à perdre à faire comme si le mouvement social n'existait pas, en redonnant à voir la révolte qui en constitue le sous-texte nécessaire. Reste que les formes mêmes de la révolte ne peuvent être la simple reconduction des modes de contestation que les Trente Glorieuses ont enterrés. Les insurrections du passé supposaient un rapport à la violence politique que les expériences du XXe siècle ont profondément remis en question. Sans même remonter aux guerres mondiales et aux usages totalitaires de la violence politique, les tentatives de raviver la lutte armée, y compris en faveur de la justice sociale, ont généralement creusé un fossé grandissant avec le reste de la population, et fini tragiquement – pensons aux Brigades rouges italiennes, qui bénéficiaient initialement d'un véritable ancrage populaire, mais l'ont perdu à mesure de la radicalisation de leurs actions.

Plus profondément, les vieux moyens de lutte semblent dépassés : construire la puissante armée du prolétariat, ou s'engager à corps perdu dans des groupuscules de révolutionnaires professionnels, ne sont plus à l'ordre du jour pour la plupart des activistes. Désormais, toute forme d'adhésion qui impliquerait d'abdiquer sa volonté et son identité propre dans la lutte est considérée avec réticence, voire suscite le rejet. Au contraire, la possibilité de s'approprier individuellement les protestations, avec ses mots et ses affects, semble être devenue un élément crucial de leur succès. Les activistes d'Occupy Wall Street, en 2011, l'ont bien compris, qui ont invité à s'emparer du slogan « *We are the 99 %* » par des récits personnels, tous signés « *I am the 99 %* » et diffusés, photos à l'appui, sur les réseaux sociaux. Quant au mouvement des Gilets jaunes, il s'est construit autour d'un symbole commun facilement disponible, le fameux gilet, mais aussi appropriable et individualisable, comme en témoignent les myriades de slogans et de dessins que les manifestants inscrivaient sur ce nouvel emblème de révolte. Alors que l'imaginaire du mouvement social des Trente Glorieuses supposait la dilution de l'individu dans l'organisation, les luttes nouvelles insistent sur l'expression de la singularité individuelle des protestataires – comme cela avait initié par les luttes pour la reconnaissance qui avaient fleuri en marge du mouvement social.

Le nouvel esprit de la révolte vient alors bouleverser les pratiques d'organisation héritées des Trente Glorieuses. Les mouvements contestataires doivent rester ouverts, inclusifs, résister à l'appropriation par des leaders ou par des groupes fermés, permettre des niveaux et des formes d'engagement variables, au risque d'un important *turn-over*. Cela veut dire aussi que les modalités habituelles de prise de décision au sein des mouvements, faites d'assemblées générales décisionnaires, de mandats, de comités de mobilisation, sont inadaptées, car elles supposent un investissement durable et une centralisation aujourd'hui difficiles à obtenir. Mais comment réintroduire un rapport de force avec le pouvoir sans coordination, sans leader, sans organisation ? Les mouvements protestataires sont-ils condamnés à la fragmentation et à l'impuissance, voire à devenir des modes passagères, que l'on consomme le temps d'un selfie ou d'un post indigné sur les réseaux avec le hashtag idoine ? Peut-être faut-il plutôt se départir de l'idée, inhérente au mythe des Trente Glorieuses du mouvement social comme à l'imaginaire insurrectionnel, que c'est en opposant au pouvoir la plus grande force possible qu'il sera conduit à céder, et enfin intégrer les leçons de ces autres formes de lutte que les mouvements féministes, antiracistes, écologistes ont mises en œuvre – mais sans perdre de vue le but de donner au pouvoir des raisons de craindre la révolte sous-jacente aux mouvements protestataires.

Dans cette perspective, les agitations isolées ne sont pas suffisantes : le pouvoir est assez solide pour faire face aux mouvements sectoriels les uns après les autres, voire s'y adapter et les récupérer. Mais plutôt que la convergence des luttes, peut-être faut-il essayer de mettre en œuvre une *simultanéité des désordres* qui puisse faire émerger une *puissance démocratique*. Prenons un exemple récent, le défi posé au pouvoir par les Gilets jaunes n'a pas été la taille du mouvement ; c'est plutôt qu'il était décentralisé au point d'être incontrôlable, chaque rond-point pouvant lancer ses propres actions, tandis que les défilés urbains hebdomadaires n'avaient, en tout cas les premières semaines, aucun parcours déposé. Une telle combinaison de fluidité et de simultanéité des actions a aussi eu l'avantage de faire coexister des groupes et des initiatives n'ayant pas le même niveau de conflictualité. Pour être Gilet jaune, il n'y avait pas besoin d'aller bloquer des péages ni même de manifester ; chaque personne pouvait participer à sa manière, par exemple en restant simplement sur les ronds-points, et contribuer ainsi, sans nécessairement se reconnaître dans l'imaginaire de la lutte ou de la révolte, à instaurer un climat d'agitation et de désordre.

Inclusif et ouvert, donc appropriable, ce désordre permet à tous et toutes de participer à sa manière et à la mesure de sa volonté d'engagement, ce qui lui confère un réel caractère démocratique. C'est là une condition cruciale pour construire un rapport de force dans les nouvelles configurations du mouvement social. Le pouvoir se trouve d'autant plus obligé de prendre en considération un mouvement protestataire que ce dernier se présente comme émanant véritablement des citoyens, dans toute leur généralité. Sans leader, sans organisation stable, présent dans tout le pays, le mouvement des Gilets jaunes a fait peur au gouvernement car il a pu être vu comme l'irruption sur la scène politique du vrai peuple souverain. Les mouvements protestataires des années 2010, depuis les mouvements des places qui se sont multipliés suite aux révolutions de 2011 dans le monde arabe, jusqu'aux protestations de 2018-2019 en France, en Algérie, au Liban, au Chili ou à Hong Kong, ont tous procédé d'un tel désordre démocratique, où des citoyens ordinaires s'opposent au gouvernement. Aucun de ces soulèvements, pas plus que des mouvements comme #MeToo, Fridays for Future, Black Lives Matter, ou plus récemment les occupations étudiantes en soutien aux Palestiniens, n'a été initié par des organisations, ni ne s'est doté de structures décisionnaires stables ni de leader. Aucun non plus n'a eu recours à la violence armée – et pourtant, ils ont parfois infléchi le cours des choses, bien plus que les grèves et les manifestations ne l'ont fait. C'est que leur fluidité, due justement à l'absence d'état-major ou d'organisation, donne à ces mouvements un caractère démocratique que le gouvernement craint, car son pouvoir repose, en dernière instance, sur ce même peuple qui est en train de protester.

Tout le problème est de transformer cette légitimité populaire en puissance. Car pour être vraiment *démocratique*, le désordre des mouvements sociaux ne doit pas être seulement fluide et inclusif : il doit doter le peuple (*démos*), d'un pouvoir (*kratos*). Les mouvements sociaux constituent l'un des moyens principaux par lesquels les citoyens, avec toute l'épaisseur de leurs inscriptions sociales, peuvent peser ensemble sur le cours des choses, et ainsi donner sens à l'idée de pouvoir du peuple. Les Trente Glorieuses du mouvement social avaient un temps permis l'incarnation de ce pouvoir, dans des organisations syndicales à même de donner au peuple travailleur une voix qui puisse s'imposer au capitalisme et à l'État. L'imaginaire de la rébellion, toujours présent en arrière-plan, venait soutenir ces prétentions, faisant planer l'ombre du peuple révolutionnaire derrière chaque manifestation d'ampleur. Aujourd'hui, ce jeu ne fonctionne plus. Le caractère désorganisé des mouvements, qui leur donne leur légitimité démocratique, rend aussi difficile la réactivation des moyens de négociation typiques des Trente Glorieuses du mouvement social. Mais rien n'interdit aux luttes apparemment fragmentées, fluides et individualisées qui semblent aujourd'hui les mieux à même de mobiliser les énergies citoyennes, de se doter, ensemble, d'une puissance, non par la centralisation de leurs forces, mais par la simultanéité des désordres qu'elles engendrent. Leur puissance ne sera pas celle d'une armée populaire en marche, plutôt celle d'un mouvement « charmant, anarchique et bigarré », comme Platon qualifiait déjà, à Athènes, le régime démocratique. Cet imaginaire du désordre démocratique est présent en filigrane dans les myriades de luttes qui ont germé dans le sillon des

Trente Glorieuses du mouvement social. Reste à lui donner collectivement la densité qui permette aux mouvements sociaux, dans leur bigarrure, de constituer, à nouveau, une force démocratique.

Le travail, mode d'emploi

LAURENT BERGER

Plein-emploi, revendications unifiantes, ascenseur social qui fonctionne, espoir plausible d'une alternative politique au travail salarié... Dans une France minée par la précarisation de l'emploi, la hausse des inégalités salariales et un taux de chômage contre lequel « on a tout essayé » – selon la formule restée célèbre de François Mitterrand –, difficile de ne pas comprendre la fascination continue exercée par la période des Trente Glorieuses et le poids qu'elle fait peser sur notre perception du travail.

Le monde du travail a connu de grandes transformations en cinquante ans, qui, pour une large part, justifient une forme de nostalgie vis-à-vis des Trente Glorieuses. Il est possible d'en distinguer au moins trois. La première tient à l'individualisation de notre rapport au travail. Sous les Trente Glorieuses, ce monde était beaucoup plus unifié, moins éclaté qu'il ne l'est aujourd'hui. L'industrialisation en était la cause principale : le travail réunissait des travailleurs dans de grandes entités, même s'il existait déjà une forme d'éclatement. Cette unification était également renforcée par une conscience de classe forte au sein de la classe ouvrière. Notre époque a profondément bouleversé cette unité et cette centralité. Une série de mutations socio-économiques, politiques et anthropologiques profondes ont fait que le travail n'occupe plus la place qu'il occupait avant dans nos vies personnelles. Il est perçu par certains acteurs économiques comme un élément individuel et quantitatif, une donnée économique qui se mesure par rapport à sa quantité, à sa productivité et à sa compétitivité. Mais il ne se résume pas à cela : il est avant tout une expérience sociale et collective, un lieu de socialisation et d'émancipation, où les individus apprennent à agir et à penser les uns avec les autres.

La deuxième grande mutation du travail réside dans la tertiarisation, qui a eu pour conséquence l'atomisation du monde du travail, l'amenuisement des capacités d'action collective, mais aussi une méconnaissance et un discrédit de certaines professions. L'un des effets les plus négatifs de la tertiarisation a été la mise au ban de la société de certains travailleurs, notamment manuels et de services, fondée sur l'idée qu'il y aurait des emplois plus ou moins nobles. Une telle distinction existait auparavant, mais elle était largement invisibilisée. La troisième évolution, qui découle de la précédente, c'est la précarisation. Les travailleurs les plus modestes, les moins bien protégés par les couvertures collectives, sont généralement ceux du secteur tertiaire et non plus les ouvriers. Le journal *Le Monde* a publié en mai 2024 une enquête sur le travail des aides à domicile, un secteur en souffrance alors que les besoins d'accompagnement devraient augmenter de 60 % d'ici à trente ans. Il existe aujourd'hui un mépris considérable pour ces travailleurs du lien, de l'animation, de l'accueil et même de l'éducation, qui sont pourtant des piliers de la société. Nous confions nos enfants et nos anciens à des professionnels qui exercent des métiers précarisés et encore largement ignorés.

Je me suis souvent interrogé sur ce « mythe » ultrapositif d'un monde du travail lors des Trente Glorieuses et sur ce qui le nourrissait. J'y ai puisé plusieurs réflexions critiques sur cet « âge d'or » supposé. La première est que l'on confond souvent le travail et l'emploi. Les Trente Glorieuses ont été des années de plein-emploi, mais cela ne voulait pas dire que le travail était partagé par tous. Les femmes, par exemple, travaillaient mais… à la maison, et accédaient peu à l'emploi salarié. L'émancipation féminine par le travail a été tardive et les femmes, on le sait, continuent d'exercer leurs métiers dans des conditions plus précaires que les hommes. Durant les Trente Glorieuses, les conditions de travail étaient en outre beaucoup plus dégradées qu'aujourd'hui. Le cinéma le montrait déjà à l'époque – comment ne pas penser au documentaire de Louis Malle, *Humain, trop humain*, tourné dans une usine Citroën à Rennes en 1972, qui mettait en lumière les conséquences du travail à la chaîne sur les corps des travailleurs ? Une étude de l'Institut national de recherche et de sécurité publiée à la fin des années 1990 rappelait que, rien que durant l'année 1965, on comptait plus de 2 000 salariés morts au travail. Les conditions de travail restent encore parfois mauvaises dans certains endroits, mais les situations ont globalement progressé par rapport à ce qu'elles étaient il y a cinquante ans. Une seconde réflexion repose sur le fait que le travail pendant les Trente Glorieuses était profondément inégalitaire, même si les possibilités d'évolution étaient plus fortes qu'aujourd'hui. Le « taux de rattrapage », permettant à un ouvrier de devenir cadre en 1974, était de trente ans, une vie humaine. Le monde du travail reposait donc sur une espérance du progrès, un certain rapport à l'effort et au mérite fondé sur l'espoir d'un ascenseur social facilité. La contrepartie d'une telle situation résidait dans la force des discriminations, et une bonne dose d'autoritarisme. Alors qu'il monte aujourd'hui à deux cent vingt ans, ce qui signifie qu'un ouvrier n'a statistiquement plus aucune chance de devenir cadre, le rapport à l'espérance d'une vie meilleure par le travail ne peut pas être le même.

Les mutations du travail

Nous ne parvenons pas à réinventer le progrès social à l'échelle de ce qu'est désormais notre réalité anthropologique, économique et informationnelle. La raison est sans doute que nous ne mesurons pas assez les grandes mutations sociales qui ont eu lieu ces dernières années et que le travail va devoir prendre en compte. La plus importante est la demande croissante d'autonomie. Ce qui caractérise notre société est une demande forte de reconnaissance de la singularité de chacun et de valorisation individuelle, qui n'est pas nécessairement négative. La plus grande disparité qui divise le monde du travail de nos jours est celle qui existe entre ceux qui ont un espace d'autonomie et ceux qui n'en ont pas. Cette demande d'autonomie implique de nombreux changements dans la manière dont nous pensons et organisons le travail, à commencer par une modification du rapport à l'autorité. Le monde du travail sous les Trente Glorieuses était très encadré. Les liens de subordination existaient de la même manière qu'aujourd'hui, mais s'exerçaient très différemment. Les employés appliquaient les consignes du patron, encadrés par des horaires stricts et une présence contrôlée sur le lieu de travail… de manière générale, le rapport à l'autorité était plus fort, les hiérarchies traditionnelles moins contestées. La demande d'autonomie et de reconnaissance individuelle a bouleversé cette réalité. L'aspiration à connaître sa place et son rôle dans la production de biens ou de services est également très forte. La culture du management à la française, qui consiste pour le patron ou le cadre à dire ce qu'il faut faire le matin, à contrôler le midi et à évaluer le soir, est un modèle périmé. Désormais, le management implique de l'accompagnement : accompagnement dans le travail, dans la tâche à réaliser, dans la prise en compte de la singularité de tel ou tel collaborateur, de l'évolution de ses compétences. Il faut repenser l'organisation du travail à partir d'une prise en compte des singularités et des contraintes de chacun. L'uniformisation des règles n'est plus un modèle viable ni adapté à la réalité du fonctionnement social. On le mesure à travers la question des inégalités qui s'expriment encore très largement au détriment des femmes. Toutes les études montrent que la parentalité pèse davantage sur elles que sur les hommes. Cette inégalité dans la parentalité est encore renforcée par l'organisation horaire du travail, qui continue de privilégier les réunions à des horaires incompatibles avec la vie familiale, excluant mécaniquement les femmes et une partie croissante des hommes. Le monde du travail sera contraint de s'adapter à ces évolutions et aux aspirations nouvelles, sous peine de créer des inégalités croissantes.

Une autre conséquence de la demande d'autonomie, que la crise sanitaire a contribué à révéler, tient à la modification de notre rapport au temps. Le temps est devenu la plus grande des aspirations, mais aussi la plus grande des inégalités. Jean Viard, dans *Le Sacre du temps libre*, rappelle que la baisse du temps de travail n'a pas accru pour autant le sentiment de pouvoir maîtriser son temps. Le Covid a opéré une grande rupture avec la mise en place quasi généralisée du télétravail... pour seulement un quart des salariés. Une telle évolution est source de progrès pour celles et ceux qui en bénéficient. Le télétravail permet de mieux harmoniser ses temps dans une journée : aller chercher ses enfants à la sortie de l'école sans avoir à gérer les contraintes du transport, organiser les tâches ménagères pendant les pauses… Les travailleurs veulent être maîtres de leurs emplois du temps, mieux concilier leur temps de travail et leur temps personnel, faisant du travail un enjeu intime. Nous assistons aujourd'hui à une inégalité de fait entre ceux qui ont cette part d'autonomie à travers le télétravail ou des horaires variables et ceux qui en sont privés et doivent exercer la totalité de leur travail en présentiel et à horaires contraints. Ne pas se saisir de cette question primordiale ne fera qu'accroître le ressentiment d'une partie des travailleurs qui se considèrent comme les invisibles du monde du travail.

Un autre élément d'évolution fondamentale de notre rapport au travail depuis un demi-siècle tient au regard porté sur la santé au travail et aux risques physiques. La définition de la santé par l'Organisation mondiale de la santé, reprise par l'Organisation internationale du travail après la Seconde Guerre mondiale, insiste sur le bien-être physique et psychologique, ou psychosocial. Pendant longtemps, les « conditions de travail » ont renvoyé aux conditions de travail physique. Aujourd'hui encore, en France, 40 % des salariés estiment que leur travail est une atteinte à leur santé. Pour autant, les choses ont tout de même beaucoup changé, et pour le mieux. Le sujet de la santé mentale a émergé de manière très prononcée il y a vingt ans, même si les réponses apportées sont encore loin d'être à la hauteur.

Une autre grande préoccupation de l'époque actuelle a changé la donne à propos du travail : le réchauffement climatique et le défi environnemental. Pendant les Trente Glorieuses, les deux enjeux économiques centraux, et donc de pouvoir, étaient le partage de la valeur entre le travail et le capital. Un troisième élément a émergé depuis autour de l'enjeu environnemental, porteur de plusieurs évolutions majeures, tant sur la qualité de la production que sur son impact écologique. Une conscience aiguë et croissante des enjeux climatiques expose les entreprises, et donc le monde du travail, à une responsabilité plus grande. Autre évolution : le changement climatique a renouvelé le regard porté sur certains métiers autrefois dévalorisés, comme la gestion et le tri des déchets. Une question nouvelle a émergé pour les travailleurs autour de l'idée d'un métier valorisant et reconnu, mais aussi en phase avec les défis de notre époque. L'angoisse climatique influe sur le rapport des travailleurs à leur avenir et génère de nouvelles angoisses. Comment peut réagir un employé, qui travaille dans un abattoir, lorsqu'il entend les discours, justes par ailleurs, sur l'écologie, la baisse de consommation de viande, etc. ? L'angoisse économique et sociale devient largement corrélée à la question environnementale.

L'ensemble de ces mutations renvoie à un défi toujours très actuel et de plus en plus primordial : celui du pouvoir d'agir des travailleurs dans les choix qui les concernent. La reconnaissance du travail comme l'une des deux parties constituantes de l'entreprise (l'autre étant le capital) impose de redonner une place et plus de pouvoir à ceux qui l'exercent. Est-ce à dire qu'il faut, comme durant les années 1970, remettre sur la table du débat les idées de socialisation des moyens de production, de forme mutualiste ou coopérative, d'autogestion ? Sans doute pas dans les mêmes termes, mais l'enjeu est de redonner aux travailleurs la possibilité d'avoir une prise sur ce qu'ils font, et de leur permettre de s'organiser collectivement. En France, nombreux sont les citoyens qui s'engagent pour le collectif, notamment au niveau local et associatif. Une publicité récente vantait le bénévolat à travers une plate-forme numérique. Mais les gens savent où aller pour être bénévoles ! Ils se mobilisent à leur échelle. Pendant la pandémie de Covid, ils se sont organisés localement, en prenant soin des personnes en situation de fragilité, en organisant des circuits de distribution, etc. L'engagement est aujourd'hui aussi marqué qu'auparavant, y compris chez les jeunes, comme l'a récemment montré le très beau livre de la sociologue Claire Thoury (*S'engager. Comment les jeunes se mobilisent face aux crises*). La demande de collectif et de solidarité demeure très forte, même si les pouvoirs publics la considèrent comme anecdotique. Pour toutes ces raisons, l'idée d'une « société archipélisée » analysée par Jérôme Fourquet est discutable. Certes, il existe des tensions, des difficultés d'écoute entre citoyens parfois isolés les uns des autres. Mais cette théorie sous-estime aussi la coopération qui existe au sein de la société française et surestime l'hostilité des citoyens les uns vis-à-vis des autres. Ce qui ne signifie pas que ce lien social soit exempt de défis : nous allons devoir repenser notre manière de construire la solidarité, de créer et faire vivre du commun. Les citoyens sont en attente de coopération, de liens, de projets collectifs, de temps festifs… Les services publics ont un rôle essentiel à opérer, et il faut qu'ils en aient les moyens, que ce soit par des soutiens publics ou des initiatives privées.

Changer le travail

Le travail peut répondre aux grandes mutations que nous avons évoquées. Les Trente Glorieuses reposaient sur une forme de massification fondée sur une division du travail monolithique. Aujourd'hui, les réalités du travail sont devenues diverses et l'enjeu n'a pour autant jamais été de réintroduire un imaginaire positif : un travail qui permet de bien faire son travail, de se réaliser, de s'émanciper, de renforcer ses liens sociaux, de produire de l'avenir sans être inquiet de sa situation personnelle ou des conséquences de la transformation de son activité par des impératifs économiques ou écologiques… Le travail ne se résume pas à une forme de souffrance généralisée à laquelle il faudrait mettre fin, ni à une simple forme productive. Le travail n'est ni un bagne ni un tableur Excel ! Il peut être un plaisir, mais à condition qu'on y soit reconnu, bien payé, respecté, et qu'on l'exerce dans de bonnes conditions.

Pour parvenir à ce résultat, il faut déjà considérer ce qu'est le travail et les mutations auxquelles il doit faire face. La première mutation est d'ordre sociologique et repose sur des attentes individuelles plus fortes et une quête de sens plus ancrée dans une société plus éduquée. Cette quête se double d'une aspiration à avoir plus de temps pour soi qu'auparavant. Les enjeux environnementaux interrogent pour leur part la nature du travail et de ses conditions. Encore une fois, la demande d'autonomie et de reconnaissance sont des aspirations clefs. La seconde mutation interroge le partage de la valeur entre travail et patrimoine. Nous devons définitivement sortir d'une fausse idéologie du mérite fondée sur l'idée que le marché rémunère à sa juste valeur les compétences et le travail bien fait. On sait que le marché capte une partie de la valeur en versant aux plus fortunés des salaires démesurés par rapport à ceux des travailleurs ordinaires, mais aussi en accordant la détention du patrimoine à une partie limitée de la population. Or, une grande majorité de nos solidarités collectives se fondent exclusivement sur la taxation du travail et pas sur celle du patrimoine, ce qui pèse sur le travail lui-même et sa juste rémunération. Refonder un imaginaire politique du travail, c'est aussi réfléchir aux conditions par lesquelles le travail pourrait payer de nouveau les travailleurs, et dès lors repenser globalement à la répartition de la valeur dans la société.

Ne nous leurrons pas : nous ne recréerons pas un imaginaire du travail totalement unifié comme dans les Trente Glorieuses. Dans le cadre des luttes collectives, il n'est devenu ni possible ni souhaitable de revendiquer la même chose pour tous. Lorsque les syndicats portaient des propositions comme la journée de huit heures, la semaine de quarante heures, la cinquième semaine de congés payés, etc., cela concernait l'ensemble des travailleurs. L'implosion du monde du travail a changé la donne. Le travailleur qui est au service dans un restaurant et qui a cinq semaines de congés payés, et celui qui en a dix en comptant les RTT, n'ont pas le même rapport au temps et à l'articulation entre vie personnelle et vie professionnelle. Il faudra accentuer l'autonomie et la personnalisation des revendications comme des droits futurs.

Je vois trois solutions pour répondre à cette demande. La première, c'est la création de couvertures sociales qui soient attachées à l'individu et permettent une forme de flexibilité. Il faut s'adapter en attachant des droits à la personne pour lui laisser un espace libre de choix. Ensuite, il faut mettre en place une négociation obligatoire sur l'organisation du travail, qui aujourd'hui repose sur une pure subordination, celle du contrôle de l'employeur. Enfin, il faut mettre en place des espaces de parole, de dialogue professionnel sur l'exercice de son métier, de sa tâche, pour tous les salariés. L'enjeu est de prendre en compte la singularité de chacun dans son travail et de l'insérer dans un cadre collectif. Enfin, l'urgence la plus prégnante est de revaloriser les métiers les plus précaires. Au travail comme dans la société, on progresse collectivement quand on fait d'abord progresser ceux qui sont au plus bas. Depuis la crise sanitaire, nous avons un rendez-vous avec les travailleurs qu'on a appelés de « première » ou « deuxième ligne ». Il faut leur montrer que nous attachons collectivement de l'importance à ce qu'ils font.

Pour faire naître ce nouvel imaginaire du travail, il faudra mieux prendre en compte la parole des travailleurs dans la manière dont ils parlent de leur travail. Il faudra aussi reconnaître que les compétences méritent une plus juste rémunération et une meilleure progression pour redonner une dynamique au travail. Il faudra enfin que les travailleurs puissent peser davantage sur la manière dont ils exercent leur travail. La puissance publique doit dès lors être la garante du dialogue social dans le monde du travail, qui est une forme de conflictualité positive organisée entre les intérêts divergents des différents acteurs du monde de l'entreprise et un espace d'écoute mutuelle. Il faut, pour ce faire, accepter à nouveau qu'il y ait des contre-pouvoirs dans l'entreprise, comme il doit y en avoir dans la société. Dans une démocratie comme dans une entreprise, les intérêts ne sont pas en tout point concordants, voire sont parfois opposés. Ce qui fait une démocratie fonctionnelle, c'est la capacité que ces intérêts contradictoires se confrontent dans des cadres organisés pour faire émerger des compromis. Le recul de ce type de conflictualité positive mène à des conflits plus violents et radicaux, qui se règlent le plus souvent au détriment des travailleurs, du progrès et de la cohésion sociale. Le travail porte en lui des enjeux de bien-être individuel, de cohésion sociale, de protection environnementale qui nécessitent un partage du pouvoir afin d'en discuter et d'avancer. Imposer cette vision est un combat sans cesse renouvelé pour éviter de faire du travail un simple enjeu productif ou de survie matérielle. Pour ce faire, il s'agira d'attacher des droits à la personne plutôt qu'à son statut pour éviter de voir la fragmentation statutaire du monde du travail utilisée par tous ceux qui ne veulent pas que l'on invente un nouvel imaginaire politique du travail.

Le récit modernisateur

David Djaïz

Le progrès ne flotte pas dans le « ciel des idées ». Il a besoin d'être porté par un récit et d'être étayé par des éléments de preuve. Longtemps, en France, le progrès a été associé à la « grandeur politico-militaire » : guerre et paix, conquêtes territoriales, monarchie administrative, révolutions… En 1940, ce soubassement politico-militaire est brutalement mis à mal par la déroute face à la Wehrmacht, générant un traumatisme sans précédent dans l'histoire du pays.

À la Libération, un consensus émerge sur les causes de la défaite : la France n'était pas préparée, ni politiquement, ni militairement, ni sur le plan industriel. *L'Étrange Défaite* de l'historien Marc Bloch paraît en 1946, à titre posthume. L'historien accuse tour à tour le commandement militaire et les élites françaises de ne pas s'être préparés à la guerre moderne. La même année paraît *À l'échelle humaine* de Léon Blum. Si Léon Blum est plus indulgent vis-à-vis de la IIIe République et du parlementarisme, son diagnostic est le même, implacable : les élites françaises ont péché par manque de préparation technique et par conservatisme intellectuel. Le dur constat d'un pays à l'arrêt, empêtré dans ses certitudes et habitudes, s'impose au lendemain de la victoire.

Le souvenir de l'humiliation politico-militaire et le constat du retard économique sont insupportables à l'orgueil national, dont le général de Gaulle est en quelque sorte la personnification. Le chef du gouvernement provisoire et bientôt fondateur de la Vᵉ République est d'abord un pragmatique : il comprend avant beaucoup que la « grandeur perdue » sur le terrain politico-militaire ne pourra être reconquise que sur le terrain « technico-économique ». C'est dans ce constat que prend source la décision, consensuelle au sein de la classe politique à la Libération, d'initier une modernisation durable des structures économiques du pays sous la houlette de l'État planificateur. Si de nombreux États-nations européens ont connu un processus de modernisation de l'appareil productif durant les années 1950-1960, la forme très particulière qu'il a adoptée en France s'explique par ce singulier sentiment de déclin qui a pris les élites françaises à la gorge.

Communistes, socialistes, gaullistes, chrétiens-démocrates… Tous les partis de la IVᵉ République issus de la Résistance se rejoignent peu ou prou sur le diagnostic : la France doit entrer de plain-pied dans la modernité. Comme l'écrit Jean Monnet, futur commissaire au Plan dans une note de préfiguration du Plan français en 1945, la France est « sur le point de devenir un pays arriéré qui a le choix entre la modernisation et la décadence ». Le discours de la modernisation allait se substituer à celui du progrès, si cher aux élites de la IIIᵉ République et dont la Seconde Guerre mondiale avait démontré les limites et les cruelles apories.

Les « gains de productivité », promesse d'une remontée de notre retard économique, deviennent le nouveau mantra de l'époque. La doctrine productiviste s'impose dans tout le spectre politique : il n'est pas un parti ou un syndicat qui ne soit acquis à l'impératif productiviste. Maurice Thorez, secrétaire général du Parti communiste français, demande aux mineurs de travailler plus que leurs quarante heures hebdomadaires pour atteindre les objectifs nécessaires à la survie de la nation. On se dote d'outils scientifiques pour mesurer les rendements, et les entreprises mettent peu à peu en œuvre les principes de l'organisation scientifique du travail (OST) imaginés par Frederick Taylor aux États-Unis. Ses préceptes deviennent immensément populaires en France, aussi bien auprès du patronat que de la CGT. Le mythe de la modernisation est ainsi relayé par un culte de la productivité dans lequel communie tout le spectre politique. Dans *La Civilisation de 1960*, Jean Fourastié, alors collaborateur de Jean Monnet au Plan, s'impose comme l'un des grands « apôtres de la productivité », décrite comme « la variable motrice de l'évolution économique contemporaine ». Il parvient notamment à transformer cette notion taylorienne, synonyme de meilleur rendement du travail, en un véritable moteur historique et macroéconomique, celui-là même qui permettra à la France de rattraper les économies les plus avancées.

On mesure à quel point ce « modèle français » d'après-guerre est un théâtre accueillant pour les luttes politiques à venir : entre la gauche et la droite, nulle remise en question de l'imaginaire de la modernisation et du culte économique de la productivité, mais plutôt une lutte âpre sur la « répartition du gâteau », selon une expression en vogue à l'époque. On parle d'un « compromis de la conflictualité productive » : tout le monde est d'accord pour faire grossir le gâteau, mais la lutte est féroce autour de la taille des parts. Qui touchera les dividendes symboliques de la modernisation et les gains monétaires de la productivité ? Chaque secteur de la société, chaque politique publique s'inscrit dans ce récit général de modernisation et de productivité. Bien entendu, cette modernisation n'est pas un long fleuve tranquille. À chaque étape, dans chaque secteur de la société, elle est disputée. La modernisation de l'agriculture est emblématique : un compromis est trouvé entre les technocrates modernisateurs de la rue de Varenne et les syndicats agricoles des Jeunes Agriculteurs, mais au prix d'immenses transformations. Les campagnes se vident d'une grande partie de leurs paysans, engrais et machines agricoles achetés avec les crédits Marshall remplacent peu à peu la force humaine. Les exploitations familiales sont remembrées, l'agriculture paysanne dévastée.

Le moment présentiste

En fait, c'est un nouveau rapport au temps historique qui se joue. Alors que la France d'avant 1945 incarnait la stabilité, que l'on peut aussi taxer d'immobilité, Jean Monnet exalte la nouvelle société du changement perpétuel : « Le Français doit adopter la psychologie américaine, c'est-à-dire une disposition de l'esprit à changer constamment. » Après 1945, un nouveau registre historique s'impose, qui n'emprunte ni à la nostalgie passéiste des réactionnaires vichystes, ni au discours du progrès des républicains optimistes de la IIIe République, mais à l'urgence de moderniser un présent insatisfaisant. On pourrait nommer ce récit « techno-futurisme » en s'inspirant des travaux de l'historien François Hartog sur les représentations du temps. Toujours dans *La Civilisation de 1960*, Jean Fourastié revisite l'histoire économique du XIXe siècle pour débusquer les blocages et les retards de l'économie française qui expliqueraient son retard par rapport à la florissante économie britannique, à la pointe de la révolution industrielle : « La France n'est plus dans le peloton de tête ; elle devra, pour seulement maintenir son rang de vieille nation intellectuelle, accomplir un considérable effort de travail et d'épargne. » Sur le plan économique et social, ce « programme transpartisan » de modernisation est un succès attesté par l'incroyable augmentation du niveau de vie durant les deux décennies qui précèdent 1968. Cette réussite économique a considérablement diminué le sentiment d'insécurité qui frappait la population française à la libération du pays.

La génération du baby-boom, qui accède à la majorité quelque part entre 1965 et 1975, marque une rupture nette avec cette représentation du temps. Contrairement à la génération précédente, elle grandit dans un monde de plus en plus sûr, à la fois sur le plan politique (les dividendes de la paix), économique (la croissance ininterrompue) et social (l'extension de la Sécurité sociale). Elle estime que les attitudes de leurs parents, prudentes, attentistes, constamment en attente de « jours meilleurs » ne sont plus d'actualité. Elle inaugure un nouveau rapport au temps que François Hartog a baptisé « présentisme » : en dehors du présent, point de salut. Si les événements de Mai 1968 se colorent encore de slogans faisant écho à l'utopie de lendemains qui chantent et de la société sans classes, les grandes idéologies révolutionnaires sont en réalité déjà sous l'éteignoir. On pense surtout à profiter du moment présent. L'un des slogans les plus fameux du mois de mai est d'ailleurs sans équivoque : « Tout, tout de suite ! »

Alors que la société de la modernisation était celle de la jouissance différée, du techno-futurisme, les baby-boomers veulent désormais cueillir les fruits de la réussite économique et cesser de différer la satisfaction des plaisirs de la vie. Adieu l'épargne de précaution, vive la consommation, au besoin par l'endettement !

Les gains de productivité ralentissent également et plus

souvent qu'à leur tour. Les années 1972-1973 sont des dates charnières. En 1972 est publié le rapport Meadows qui modélise pour la première fois les effets des émissions de gaz à effet de serre sur le réchauffement planétaire. En 1973 survient la première crise pétrolière. Les gains de productivité ralentissent dans les années qui suivent, en partie à cause de l'impasse énergétique. Très soutenus au cours des Trente Glorieuses (+ 4,4 % en moyenne par an au cours des années 1960), les gains de productivité baissent ensuite très fortement (+ 1,2 % en moyenne par an entre 1980 et 2007). La productivité réelle ralentit tandis que le récit de la « modernisation française » persiste. Cette disjonction entre récit utopique et réalité fracassée entraîne la France dans une crise politique profonde dont nous ne sommes toujours pas sortis. On pourrait parler de « persistance rétinienne » de l'imaginaire de la modernisation alors même que les gains réels de productivité, qui en sont le moteur, ne sont plus au rendez-vous. On s'affronte politiquement autour d'un imaginaire qui perd progressivement son moteur, d'où le sentiment d'irréalité et de déconnexion profonde qu'inspire la politique française, entre les défenseurs acharnés du modèle et ceux qui pensent qu'il faut le « détricoter ».

En fait, il ne faut ni refaire ni défaire le modèle. Il faut un nouveau « récit ».

En 1979, année de la seconde crise pétrolière, l'économiste Jean Fourastié publie son best-seller, *Les Trente Glorieuses*. Il paraît qu'on ne peut nommer une époque que lorsqu'elle se termine. Et cette année-là, les Trente Glorieuses, fondées sur l'élan modernisateur et l'économie concertée, sont bel et bien dans le rétroviseur, englouties dans le présent d'une crise qui ébranle trois des quatre « P » identifiés par l'historien Jean-François Sirinelli. La *prospérité* est remise en question par la stagflation, de même que le *plein-emploi* par le chômage structurel qui fait alors son apparition. Quant au *progrès social* matérialisé par la progression salariale, il semble stoppé net. Si l'État-*providence* continue de fonctionner – il est même de plus en plus sollicité pour amortir les chocs économiques qui se multiplient durant la décennie 1970 –, il tourne encore grâce à l'endettement, mais il est de plus en plus sollicité comme « antalgique » pour amortir les chocs produits par la désindustrialisation et la désaffiliation sociale.

Futurisme éclairé et économie désirable

Nous savons depuis 1918, avec Paul Valéry, que les civilisations sont mortelles. Nous savons depuis le rapport Meadows que le système Terre est engagé dans un processus de dégradation irréversible, sous l'effet du changement climatique et des différents bouleversements écologiques que lui imprime l'activité humaine. Dans ce contexte, l'approche présentiste des baby-boomers est inopérante pour la simple et bonne raison qu'un futur potentiellement catastrophique hypothèque trop lourdement notre présent : des nuages noirs s'amoncellent à l'horizon. L'approche « techno-futuriste » des modernisateurs d'après-guerre n'est guère plus secourable : celle-ci repose sur la croyance dans le développement indéfini de la technologie, des gains de productivité et du capitalisme. Or la crise de l'habitabilité de la Terre nous montre bien combien la productivité ne saurait désormais se penser sans « reproductivité », c'est-à-dire que tout processus de production doit être écologiquement soutenable, capable d'assurer sa reproduction à l'avenir. Il n'est plus possible de faire une agriculture « hors-sol », ou plutôt dans la dévastation des écosystèmes et la pollution des sols. La possibilité même de la production agricole est conditionnée à la bonne santé des sols et à la biodiversité.

L'enjeu est donc de développer une temporalité dialectique entre la conscience aiguë des conséquences insoutenables et catastrophiques si « on ne fait rien » et le volontarisme politique, conjugué au présent, pour organiser les bifurcations qui s'imposent et prendre en charge au mieux ces transitions. Nous rejoignons ici le catastrophisme éclairé de Jean-Pierre Dupuy qui n'a de « catastrophiste » que le nom. Nous devons partir de l'hypothèse extrême que, dans le futur, l'habitabilité du monde peut être définitivement compromise : il faut prendre cette hypothèse au sérieux et proposer un récit du progrès qui déjoue ces sombres scénarios et fasse advenir un futur très différent. C'est pourquoi je parlerais volontiers de « futurisme éclairé », c'est-à-dire un retour de la centralité de la notion d'avenir dans notre aventure collective, mais à nouveaux frais. Ce futurisme éclairé est très différent du techno-futurisme de la modernisation. Ce dernier reposait sur une conception enchantée et donc naïve de l'avenir, alors que le futurisme éclairé se construit plus prudemment, plus modestement peut-être, à pas comptés, à petits points patients, en référence à un avenir catastrophique *possible*, que l'on cherche à éviter au moyen de toutes sortes de bifurcations économiques et politiques.

Mais comme durant les Trente Glorieuses, un récit du progrès ne suffit nullement à faire advenir le progrès social. Si celui-ci avait été tangible, au moins pour certaines catégories de la population (le salariat et la classe moyenne occidentale essentiellement), c'est parce qu'il avait été dopé par une incroyable croissance de la productivité. De la même manière, la construction d'une « économie désirable » dont parle Pierre

Veltz dans un ouvrage éponyme, soutiendra le nouvel imaginaire du progrès.

En effet, nous sortons peu à peu de l'économie industrielle de l'après-guerre qui reposait sur la consommation de masse, et tenait essentiellement dans l'achat de biens divers pour occuper l'espace intérieur du foyer (le quadriptyque « salon-cuisine-garage-jardin »). La publicité était un ressort essentiel de cette économie. Peintre de son temps, David Hockney illustre bien dans ses tableaux cette sorte de compétition entre voisins au sein des banlieues pavillonnaires pour savoir qui possédera le premier un système d'arrosage automatique ou un robot de piscine. Depuis 1945, la part des dépenses alimentaires des ménages a régulièrement reculé au profit de tels biens d'équipement. Mais depuis les années 1990, on constate que la part des biens manufacturés dans le total des dépenses s'est à son tour effondrée au profit des dépenses liées à des services et à des « biens collectifs » comme le logement, la santé ou l'éducation. Par exemple, entre 1960 et 2014, la part du budget consacré aux vêtements et chaussures recule de 5 points tandis que les dépenses relatives au logement augmentent d'autant. Comment expliquer cette montée en puissance des dépenses de services et de biens collectifs dans le budget des ménages ? En grande partie par l'évolution de la culture et donc des désirs des consommateurs. La préoccupation pour le bien-être, c'est-à-dire le fait d'être en bonne santé, physique et mentale, de vivre dans un cadre urbanistique agréable, d'avoir une bonne éducation et formation, est en train de devenir plus importante pour les ménages que la seule possession matérielle d'objets.

Une véritable révolution est ainsi à l'œuvre, où le bien-être de l'individu prend le pas sur la consommation d'objets, où vie psychobiologique et vie économique ne font plus qu'un.

Nous entrons peu à peu dans une économie des usages et des expériences en lieu et place d'une économie de l'équipement matériel *stricto sensu*. L'économie du bien-être est en train de remplacer l'économie de la consommation de masse. Nous tenons peut-être là le mode de production qui propulsera un nouvel imaginaire du progrès, le futurisme éclairé.

La montée en puissance de l'économie désirable ne pourra pas s'imprimer sur des filières verticalisées, entièrement pilotées par l'État, comme à l'époque du Plan de Jean Monnet (charbon, acier, automobile…), mais devra s'adapter à chaque bassin de vie et d'emploi, dans une logique de *biens communs* et *d'écosystème territorial*. La préoccupation pour la santé globale est en train de devenir un bien commun et la production d'une telle santé globale à l'échelle d'un bassin de vie ne peut se faire que par la coopération entre différents acteurs : la médecine de ville, chargée du soin de premier recours, l'hôpital chargé du soin de deuxième ou troisième recours, mais aussi les mutuelles et les acteurs médico-sociaux pour la prévoyance ou encore l'assurance, mais encore l'école, le club sportif ou le lieu de travail pour la prévention ou le maintien en bonne santé. La prévention et le traitement des affections de longue durée ou des maladies chroniques nécessitent un véritable travail d'équipe, une collaboration entre de bons services publics de santé, des acteurs mutualistes, des acteurs privés. De la même manière, la transformation « désirable » de l'agriculture ne saurait s'organiser de manière « verticale », dans une cogestion entre le ministère de l'Agriculture et les syndicats agricoles, mais plutôt à l'échelle de chaque bassin de production, de chaque terroir, par une coopération accrue entre les différents acteurs de la chaîne de valeur (agriculteurs, coopératives, industriels, distributeurs, consommateurs, lycées agricoles, bancassureurs, scientifiques…).

La France dispose d'immenses atouts dans certains secteurs phares de l'économie désirable que sont l'agriculture et l'agroalimentaire, la santé, l'éducation ainsi que tous les savoir-faire « créatifs » : beaux-arts, mode, luxe, gastronomie, hôtellerie, arts du spectacle… Les professionnels qui travaillent dans ces secteurs sont en général bien formés. Là où le bât blesse, c'est dans le cloisonnement, voire la méfiance réciproque entre les différents acteurs de ces écosystèmes. La médecine hospitalière est par exemple trop réticente à travailler en synergie avec la médecine de ville, l'assurance maladie et l'État ne collaborent pas assez avec le monde mutualiste. Une certaine culture « antiprivé », toujours en vogue dans le secteur public, freine les coalitions vertueuses public-privé qui permettraient de faire émerger un tissu économique compétitif et innovant dans cette économie désirable. En parallèle, le sous-investissement catastrophique dans la recherche publique française ainsi que dans certains services publics, comme l'éducation et la santé, handicape lourdement nos forces de production autant que d'innovation et de créativité : les approches comptables et bureaucratiques à courte vue se sont généralisées, de l'hôpital public à l'enseignement supérieur ; la rémunération médiocre des agents publics, qu'il s'agisse des personnels soignants ou des enseignants, grève l'attractivité de ces emplois ; la préférence donnée aux fonctions supports, au pilotage par « tableau Excel », au détriment des « métiers », a gravement endommagé la qualité de nos services publics.

Les pouvoirs publics, par le biais des services publics, sont appelés à jouer un rôle majeur dans l'advenue de ce futurisme éclairé, mais ces derniers doivent être profondément repensés. Longtemps, nous avons vécu avec l'idée que le service public était le monopole de l'État. Dans la politique éducative par exemple, les enseignants, ces « hussards noirs » qui portaient la parole républicaine et assuraient l'alphabétisation des populations, détenaient en quelque sorte le monopole de l'instruction publique dans les campagnes. « Il faut un village entier pour éduquer un enfant », dit le proverbe. C'est de cette conviction qu'il faut partir pour refonder nos services publics en phase avec la société. État, collectivités locales, associations, entreprises, familles : nous avons un vrai besoin de faire corps autour des politiques de l'intérêt général. La reconstruction des services publics ne pourra se faire qu'à l'échelle territoriale, celle du « bassin de vie ». Pour en revenir au domaine scolaire, la communauté éducative élargie doit être impliquée dans l'analyse des difficultés de l'établissement (élèves décrocheurs, publics fragiles…) ainsi que dans les besoins éducatifs réels. Une fois que le diagnostic est rigoureusement établi, l'État devra donner à la communauté éducative davantage de latitude réglementaire et de moyens pour bâtir un projet pédagogique permettant d'aller très loin dans l'adaptation de l'école aux besoins particuliers des élèves ainsi que dans l'expérimentation et l'innovation. C'est un exemple de la mutation « girondine » qui nous attend.

Est-ce pour autant la « banalisation » de l'État, sinon son effacement ? Loin de là. À l'heure du futurisme éclairé, les pouvoirs publics doivent rester plus que jamais cette vigie, « trait d'union entre le passé, le présent et l'avenir » selon la formule du général de Gaulle, capable de planifier de grandes transformations. La transformation écologique demande tout à la fois une immense capacité de prévision et de planification impliquant différents paramètres, aussi bien financiers que bio-géo-physiques… mais elle ne peut être réussie que par une étroite collaboration entre différents acteurs. Prenons l'exemple de l'énergie. Il est besoin d'un travail de « scénarisation énergétique » de la part de l'État ou de ses opérateurs industriels, nous indiquant les différents chemins possibles pour arriver à la neutralité carbone en 2050. Une fois ce travail de planification fait, c'est la société qui doit se mettre en mouvement : chercheurs, scientifiques, industriels, collectivités territoriales, entreprises… tous concourent au déploiement d'infrastructures de production d'énergies renouvelables. De la même manière, la bascule agro-écologique de l'agriculture ne pourra se faire qu'au moyen d'une approche décentralisée, terroir par terroir… mais sur la base d'une planification et d'une scénarisation réalisée par la puissance publique. L'État stratège a plus que jamais son importance.

Là où, à l'heure de la modernisation triomphante, l'industrie comme les services publics étaient organisés de manière verticale, monopoliste, centralisatrice, « fordiste », déresponsabilisante pour les acteurs de terrain réduits à être des exécutants des directives conçues « en haut », désormais, l'économie comme les services publics doivent être « coproduits » au niveau d'un lieu de vie, de manière autonome, en faisant coopérer plusieurs acteurs et en confiant un maximum de responsabilités à ceux qui agissent sur le terrain. C'est un changement culturel et organisationnel majeur qu'il nous reste largement à accomplir. Sans quoi les fantômes du techno-futurisme continueront à nous hanter et à détricoter notre modèle social.

L'homme providentiel contre la démocratie

Vincent Martigny

Jésus-Christ, de Gaulle et mon mari : voici en résumé l'humble vie d'une citoyenne française[1].

La séquence électorale qu'a connue la France en juin et juillet 2024 a démontré, s'il en était besoin, l'inanité d'une pratique du pouvoir présidentiel laissant à un seul homme la possibilité de disposer à sa guise du destin d'un pays. Certains y verront l'échec d'un président ivre d'*hubris* et de narcissisme. D'autres dénonceront les travers d'un pouvoir exécutif cannibale, dont on ne dira jamais assez qu'il confère constitutionnellement au président de la République française plus de prérogatives qu'à n'importe quel autre dirigeant démocratique, et ce sans contre-pouvoirs solides. Car il nous faut penser au-delà de la singularité d'une situation et de la personnalité du

1. Lettre anonyme envoyée à la mort du général de Gaulle, FCDG, registre AG5 Bouches-du-Rhône (Aix-en-Provence), citée par Sudhir Hazareesingh, « Mort et transfiguration : la renaissance du mythe gaullien en novembre 1970 », *Parlement[s], Revue d'histoire politique*, vol. 13, n° 1, 2010, p. 27.

locataire de l'Élysée. Comment ne pas percevoir derrière les dysfonctionnements actuels de notre système politique les ressorts d'un imaginaire problématique ? Ce qui caractérise notre vie publique est à ce titre du même ressort que l'ensemble des questions traitées par les auteurs de ce livre. Le rapport tourmenté que nous entretenons avec la figure du président de la République tient en réalité de la rencontre entre un imaginaire hérité du passé – le mythe de l'homme providentiel –, un excès de la pratique du pouvoir que nous nommons en France « hyperprésidence », et des institutions déconnectées des dynamiques politiques contemporaines. C'est du premier de ces trois facteurs que découlent les deux autres.

Pour comprendre en quoi le mythe de l'homme providentiel est délétère pour le fonctionnement politique de nos sociétés, il faut revenir aux origines de la tentation, dans la période de mutation profonde de nos sociétés – que nous habillons, par manque d'imagination, du nom de « crise » –, d'en appeler tous les cinq ans à un être paré de vertus légendaires pour venir nous sauver, c'est-à-dire rétablir un ordre sociopolitique structurellement déréglé. L'homme providentiel n'a évidemment pas été inventé durant les Trente Glorieuses. Des deux Bonaparte à Adolphe Thiers, du général Boulanger au maréchal Pétain, nombreuses sont dans l'histoire politique moderne les figures qui se sont drapées dans cette mythologie. Mais celle-ci a trouvé son incarnation la plus récente dans la personne du général de Gaulle. Libérateur national, père de la Ve République, le Général a forgé un modèle qui semble devenu indépassable. Sa vie glorieuse nous est contée, depuis sa disparition en 1969, comme un évangile. Et pour cause : son rôle pendant la Seconde Guerre mondiale lui conférait une double légitimité ; celle du sauveur d'une France au bord de l'abîme, vigie de la nation en pleine déroute nationale ; et celle du reconstructeur des institutions républicaines, fondateur d'un ordre politique nouveau. Plus problématique, en revanche, est l'idée que ses actes constituent un manuel politique dont on s'efforce aujourd'hui encore d'appliquer les principes intangibles dans des circonstances nouvelles – et certainement moins dramatiques qu'alors, sinon moins incertaines. D'où la volonté de la plupart de ses successeurs de se glisser dans l'habit du Grand Homme. Le problème est que le costume demeure intact, quand les hommes, eux, semblent rapetisser au fil des décennies, flottant dans une présidentialité trop grande pour eux.

Le général de Gaulle fut évidemment un homme de son époque. Son autorité ne pouvait s'exprimer que dans la société ordonnée des Trente Glorieuses, éprise de mysticisme laïque et d'un respect quasi monarchique pour le pouvoir politique. Sa prestance ne survivrait pas à quinze jours de réseaux sociaux, au ricanement ironique et à l'hystérie des médias, à l'agressivité et à l'absence de déférence qui caractérisent, pour le meilleur et pour le pire, notre débat public. Mais le rappel de ces vérités d'évidence ne permet pas d'épuiser le sujet de la nature de son incarnation politique. Il ne s'agit pas, ici, de faire œuvre d'historien, ni de tenter de déboulonner la statue du Général. En revanche, la mythologie providentialiste engendrée autour, sinon par de Gaulle et son entourage, pose aujourd'hui plus de problèmes qu'elle n'en résout. À ce titre, elle démontre, plus peut-être qu'aucune autre question traitée dans cet ouvrage, la nécessité de porter un nouvel imaginaire politique pour nous débarrasser d'un récit qui nous encombre.

Trois grands traits caractérisent l'homme providentiel au sens gaullien. L'extériorité par rapport à un système politique corrompu et une société en crise est le premier d'entre eux. C'est parce qu'il se situe en dehors du marasme politique que l'homme providentiel prétend trancher le nœud gordien de conflits insolubles. L'histoire électorale de la Ve République foisonne de ces figures qui ont prétendu se mettre en travers du scénario annoncé du déclin français : de Jean Lecanuet à François Bayrou, des Le Pen à Éric Zemmour en passant par Emmanuel Macron lui-même, ce « troisième homme » qui a réussi à s'emparer du pouvoir en déjouant tous les pronostics en 2017. Inconnu hier mais dans l'attente d'une gloire à venir, tapi dans l'ombre de l'Histoire en attendant son heure, le voilà qui s'avance et monte quatre à quatre les marches du pouvoir, tandis que la Providence se courbe pour lui faire sa révérence.

Cette extériorité nourrit plusieurs maux de notre démocratie, à commencer par le sentiment d'une médiocrité, voire d'une corruption structurelle du personnel politique. Il est de bon aloi de tirer sur nos dirigeants dans une ambiance de fête foraine. De fait, les exemples de leurs insuffisances ne manquent pas. Mais ne sommes-nous pas en partie responsables d'une détérioration de la qualité de celles et ceux qui nous représentent, obsédés que nous sommes par l'idée de laisser reposer sur leurs épaules, sans aucun contrôle, l'intégralité de la responsabilité politique ? Dans une comédie satirique italienne injustement méconnue en France, *Viva la Libertà*, un philosophe ayant pris la place de son frère jumeau à la tête du parti démocrate transalpin exprime cette ambivalence de manière cynique : « Si les hommes politiques italiens sont incompétents, c'est parce que les gens sont incompétents. S'ils sont des voleurs, c'est parce que les citoyens eux-mêmes sont des voleurs ou rêveraient de l'être. » Voici tout notre paradoxe vis-à-vis de l'homme providentiel : nous recherchons une figure extérieure au système politique pour le sauver de nos propres turpitudes, plutôt que de tenter de l'améliorer de l'intérieur.

Une deuxième dimension récurrente de la mythologie de l'homme providentiel relève de l'urgence, messagère du *Kairos*, ce dieu ailé de l'opportunité qui transporte l'élu au Capitole du pouvoir. L'effet de surprise, la gestion du temps, l'art du contrepied constituent des piliers du récit providentialiste. Évoluant dans un paysage politique bouleversé, élu par un peuple fantôme dont la confiance est fragile, l'homme providentiel dépend excessivement de la *Fortuna*, cette personnification de la chance et du hasard dont parle Machiavel, généralement représentée les yeux bandés ou se tenant près d'une roue, pour signifier que ses faveurs sont arbitraires et inconstantes. Sa capacité à gouverner semble ne tenir qu'à son talent à dompter le hasard, à prendre de court le destin, à donner le tempo plus qu'à le subir. Que n'a-t-on dit de l'actuel président de la République qu'il était le « maître des horloges », expression employée *ad nauseam* pour qualifier une pratique du pouvoir anxiogène pour le plus grand nombre, et traduisant une obsession pour le contrôle ? L'opportunisme n'est pas une qualité suffisante pour assurer le succès d'une entreprise politique. Le temps long – pour faire ses preuves, pour convaincre, pour délibérer ou tout simplement pour penser l'action politique, sont les clefs d'un consentement réfléchi, et donc d'une légitimité retrouvée. Le récit du *Kairos* réduit au contraire la politique à un ensemble de « coups », de séquences et de petites phrases qui nourrissent les intrigues des séries politiques télévisées que nous adorons, mais qui ne correspondent pas à la réalité de la gouvernance dans des

États démocratiques complexes. La brutalisation du débat par le pouvoir comme par les oppositions, la rupture de consentement démocratique par le passage en force permis par les dispositions du parlementarisme rationalisé (le fameux 49.3, entre autres), ou encore l'appel à des élections anticipées sans préparation de l'opinion, sont les différentes facettes de ce même excès de *Kairos*. Dans une période où la question du consentement se pose de manière renouvelée dans le domaine des mœurs, de telles pratiques apparentent la politique à un forçage démocratique inacceptable pour une partie croissante de l'opinion, à commencer par la jeunesse.

La troisième dimension du mythe providentialiste tient à la position de verticalité et d'éloignement du leader vis-à-vis des citoyens, le surplomb permettant l'admiration lointaine. Presque tous les présidents depuis de Gaulle, inspirés par la *persona* du père de la Ve République, ont cultivé la mise en scène d'une grandeur autoritaire pour maintenir les citoyens à distance. Cette posture a longtemps été justifiée par le besoin d'une figure unificatrice et rassurante, si ce n'est consensuelle. Aujourd'hui encore, une partie de l'opinion semble partagée entre la demande d'un sauveur qui surgisse pour assainir le corps social et le débarrasser de ses maux, et l'attente d'une figure d'autorité qui la délivre de la division. La tension est de plus en plus forte entre ces deux pôles. Alors que la demande d'horizontalité politique et de participation citoyenne n'a jamais été aussi forte dans la société – comme en témoigne par exemple l'intérêt qu'avaient suscité les conventions citoyennes –, nous sommes englués dans une culture présidentialiste de la verticalité. Le Prince règne, solitaire, négligeant les contre-pouvoirs, ignorant le Parlement, disqualifiant les partis, enfermé dans un tête-à-tête avec un peuple de plus en plus hostile. Son autorité s'établit sans partage ni limite, seulement entravée par les frontières de sa propre élection, se dispensant des règles tacites de la politique ou de la simple éthique. Icare vole dans le ciel démocratique, sans réaliser que le pouvoir lui brûle les ailes, et que sa chute n'est qu'une question de temps.

Refuser l'hyperprésidence

La culture politique présidentialiste est l'émanation politique directe du culte de l'homme providentiel. Sans espoir d'un sauveur suprême, nous n'accepterions pas de voir une personnalité politique accaparer tous les pouvoirs ou presque, négliger l'État de droit, choisir ses opposants, ignorer ses défaites, vanter ses triomphes sans que quiconque ne soit en mesure de l'en empêcher. La crise de la représentation se nourrit en France du récit de la primauté d'un homme sur tous les autres, par la grâce de l'élection présidentielle. Certes, la conception « jupitérienne » de la présidence portée par Emmanuel Macron a vu s'aggraver cette situation, par un mélange de culte de la personnalité et de verticalité autoritaire. Le président actuel a joué, plus que tous ses prédécesseurs de l'époque moderne, le jeu de l'homme providentiel. Jeune, formé dans les écoles de l'élite politico-administrative, d'une intelligence affirmée et dominatrice et d'une capacité de travail jugée unanimement hors du commun, le chef de l'État avait tout pour réussir dans un tel système institutionnel, si tant est que celui-ci eût été vertueux. Las, presque huit ans après son élection, la démocratie et le débat public dégagent en France un parfum de cendres.

Quoi qu'en disent ses détracteurs, le déséquilibre des pouvoirs en faveur de la présidence de la République n'a pas été initié par l'actuel locataire de l'Élysée. Il est le fruit d'une lente dérive de la pratique des institutions, d'une pente qui a contribué à concentrer l'intégralité des pouvoirs entre les mains d'un seul homme, d'où tout émane, et qui est, à ce titre, responsable de tout. Le spectacle de l'hyperprésidence à la française est certainement le symptôme le plus visible du déséquilibre généralisé de nos institutions. Les défenseurs du statu quo sont légion, et nombreux se félicitent que le président de la République soit l'astre autour duquel gravite l'intégralité du système politique français. Le président lui-même l'a justifié avant son élection en 2017, au nom d'une culture politique supposée monarchiste des Français qui n'auraient jamais rempli le « vide émotionnel, imaginaire, affectif » laissé par la mort du roi Louis XVI[2]. D'autres y voient la logique constitutive de la Ve République, gaullienne par nature, marquée par la volonté de doter la France d'un chef fort, seul capable de garantir l'autorité de l'État et l'unité nationale entre des « Gaulois réfractaires » prompts à attiser le feu des divisions et des guerres civiles toujours en germe dans la société française.

Mais la vérité est que l'on ne mesure pas assez le mal que la dérive de l'hyperprésidence fait à notre système politique. Celle-ci se nourrit du rêve d'un État tutélaire qui prendrait la place de la société, d'un pouvoir politique auquel on prête des vertus qu'il ne peut ni ne doit détenir. Elle fantasme un consensus introuvable, la démocratie se caractérisant précisément par l'acceptation des conflits qui traversent toute société

---

2. Cette explication avait été avancée par Emmanuel Macron lui-même dans un entretien au journal *Le 1 hebdo* en 2015.

libre. Dans un monde déréglé et conflictuel, tant sur la scène nationale qu'à l'échelle mondiale, elle instaure la tyrannie du charisme comme règle fondamentale de la politique, qui voit des chefs de plus en plus mal élus nous diriger sans que nous n'ayons de prise sur un jeu qui nous échappe. Ce faisant, elle alimente la déresponsabilisation des citoyens, qui préfèrent adorer, puis brûler les idoles qu'ils se sont choisies, plutôt que de s'emparer de la démocratie pour la faire vivre. Et entretient ce faisant la défiance collective à l'encontre des dirigeants et des institutions politiques elles-mêmes, bien plus élevée en France que chez nos voisins au système plus équilibré. Les enquêtes du baromètre de la confiance du Centre de recherches politique de Science Po (Cevipof) le démontrent, année après année : s'ils vantent la démocratie comme système politique, une immense majorité des Français considèrent qu'elle ne fonctionne pas bien. La confiance dans les institutions politiques est structurellement faible, alors que la confiance interpersonnelle dans la société est, pour sa part, très affirmée. Les mots le plus souvent employés pour qualifier la vie politique sont « dégoût », « ennui », « peur », et les événements des derniers mois n'ont pas été de nature à démentir des sentiments largement partagés dans l'opinion publique.

Drogués à l'espoir d'être sauvés, les citoyens mettent de plus en plus en doute l'honnêteté de leurs dirigeants, leur bienveillance, leur compétence et leur pouvoir véritable à transformer le quotidien. À ce titre, il est courant d'opposer le style de leadership exercé par les démocrates libéraux à celui des populistes autoritaires. En réalité, on l'aura compris, ces types d'incarnation constituent les deux faces d'une même pièce, et reposent tous deux sur la même confiscation de la responsabilité citoyenne, même si l'intensité du dérèglement y est moindre que dans les systèmes politiques ayant tenté l'expérience du populisme.

L'autre conséquence négative de la présidentialisation aura été le renforcement de la polarisation autour de la figure du président. Obsédés par les faits et gestes du chef de l'État, les autres acteurs politiques et les citoyens se définissent avant tout pour ou contre la figure présidentielle. La situation états-unienne ou brésilienne, dans des systèmes institutionnels proches du nôtre, démontre l'ampleur du problème, alors même que dans ces pays les pouvoirs réels du chef de l'État sont moins étendus que de ce côté de l'Atlantique. La polarisation est le mal de l'époque en système présidentiel, qui nourrit des conflits insolubles, et place les citoyens au bord de la crise de nerfs. Sans compter que ce phénomène empêche le pouvoir exécutif de porter des réformes largement acceptées, si ce n'est consensuelles. Ce faisant, partout Jupiter est devenu Gulliver, un géant entravé par mille rets qui limitent sa capacité d'action, rongent sa légitimité, détruisent son autorité.

Ce que peut la politique

Alors que faire ? Faut-il en venir à espérer n'avoir ni dieu, ni maître, ni hommes politiques ? Délégitimer définitivement l'autorité politique autre qu'auto-administrée, pour imaginer une société sans décideurs, une démocratie directe où le gouvernement serait, dans une vision rousseauiste idéale, l'émanation directe des gouvernés ? Probablement pas. D'abord parce que l'existence de figures d'autorité et de leadership n'est pas contradictoire avec les idéaux démocratiques. Et que le culte de l'homme providentiel n'est pas une fatalité.

Certes, il y aura toujours ceux qui rêvent d'un chef toujours plus fort, « un corps social soudé par sa tête », comme le disait Claude Lefort, pour nous délivrer des divisions. Changer d'imaginaire ne suffira pas si l'on reste enfermé dans les règles d'un système politique détraqué qui nous conduit au désastre démocratique. Le temps est venu d'imaginer le changement, et de l'organiser. Il ne suffit pas de dire, comme tant et tant d'autres, que le mythe du sauveur révèle une vision immature de la démocratie, si tous les cinq ans l'élection présidentielle vient hystériser notre vie politique. Et encore ! Si la désignation du chef de l'État, difficile à remettre en cause au vu de sa popularité, n'était pas porteuse de tant d'enjeux pour le destin du pays. S'il s'agissait seulement d'élire l'individu chargé de représenter la France dans la sphère internationale, garant de nos institutions, pourquoi pas chef des armées, un président qui préside mais sans la lourde charge de gouverner, peut-être alors le spectacle serait-il moins inquiétant. Mais ce dont témoigne la situation actuelle, c'est que notre système institutionnel, trop imprécis sur les conditions de la pratique du pouvoir exécutif, n'est plus en mesure d'assurer un garde-fou efficace contre les excès des titulaires de l'autorité politique. Pire, à travers l'élection présidentielle, qui est le produit – et nourrit en retour –, la personnalisation extrême de la vie politique, notre vie publique se résume de plus en plus à une forme de « fan politique ». Celle-ci consiste à admirer une personnalité sans se poser la question de savoir si elle dispose d'un projet, ni des moyens et des compétences pour le mener à bien : une politique du selfie qui conduit à surestimer l'importance des images et des discours, et en particulier des petites phrases, sans considérer suffisamment les actes.

Sans retomber dans le « culte de l'impersonnalité » dont parle Pierre Rosanvallon pour qualifier la mise sous tutelle des personnalités trop fortes par le Parlement sous la IIIe République, il nous faut promouvoir d'autres formes d'incarnation politique. Nous avons plus besoin de « leaders d'entraînement », capables de tracer un horizon social désirable et de nous faire accepter les changements de notre société, que de leaders « de contrainte », dont l'autorité se caractérise par un mélange de fermeté et d'infantilisation des citoyens. Rares sont les leaders démocratiques qui mêlent ces deux qualités : le général de Gaulle, on l'a dit, fut l'un d'entre eux, tout comme Nelson Mandela, ou plus récemment le président Lula ou Barack Obama. Toutes les époques ne nécessitent pas le même type de dirigeants, et la nôtre manque de souffle, mais aussi de confiance et d'*empowerment* des citoyens.

L'incarnation politique nourrit notre besoin d'identification et peut générer de l'enthousiasme collectif et de la responsabilisation. À condition d'accepter que tout ne dépend pas de la politique, ou plutôt que la société doit effectuer un travail auquel elle ne peut se soustraire si elle souhaite inventer d'autres chemins. Éloge de la discussion et du compromis, promotion de la coopération et de l'intelligence collective, organisation d'une conflictualité « positive » permettant aux divergences d'intérêt de s'exprimer et de contribuer à l'élaboration de solutions acceptées par tous, à défaut d'être consensuelles… Les idées ne manquent pas.

Reste à trouver les structures politiques et institutionnelles pour les mettre en œuvre. Car débattre ou imaginer ne suffit pas, si cela ne conduit pas à une transformation politique et sociale. C'est bien l'objet de ce livre, que de fixer un horizon à travers une prise de conscience que les cadres intellectuels et narratifs qui nous portent depuis 1958 finissent aujourd'hui par étouffer notre capacité à imaginer une alternative à un système devenu insatisfaisant. Mais il faudra changer les règles du jeu démocratique et s'emparer de la question des institutions pour permettre à un imaginaire politique moins vertical de trouver à s'exprimer. Sans verser dans un inventaire à la Prévert des réformes envisageables, il faudra réfléchir à la représentation proportionnelle des partis politiques au Parlement ; organiser la séparation des fonctions entre un président qui préside (de manière plus limitée qu'aujourd'hui) et un Premier ministre qui gouverne ; renforcer l'autorité d'un Parlement aujourd'hui dévalué ; redonner du pouvoir aux collectivités territoriales, qui, seules, inspirent encore une certaine confiance aux citoyens ; refaire de l'État de droit une forteresse inexpugnable contre les assauts de ceux qui rêvent d'une démocratie unijambiste, portée par le seul vote majoritaire et non par le respect des principes qui font de la France une société politiquement et culturellement libérale ; redonner enfin la parole aux citoyens par l'exercice de formes de démocratie directe directement garanties par la Constitution. On arguera que ces dispositions sont bien indigestes pour tout esprit peu au fait des règles de notre loi fondamentale. Mais elles ne font que traduire en droit un imaginaire de collégialité, un désir de concorde et d'autorité moins verticale qui se retrouvent partout, des entreprises aux associations en passant par les familles ou les universités.

Le rêve du sauveur émerge souvent en politique dans des périodes de mutations profondes, lorsque les institutions peinent à prendre en charge les transformations culturelles, anthropologiques, sociales et environnementales qui bouleversent les ordres et les hiérarchies traditionnels. L'instabilité politique, les conflits économiques ou géostratégiques et les bouleversements sociaux créent un terreau fertile pour l'apparition de cette figure quasi messianique, lorsqu'ils ne génèrent pas un sentiment de déclin qui, on le sait, a joué un rôle particulièrement important dans l'histoire politique française, de Napoléon Bonaparte au général de Gaulle. Nous en sommes là. Les imaginaires anciens finiront bien par se dissiper et par laisser la place aux temps nouveaux qui sont les nôtres. Reste à savoir combien de temps l'illusion perdurera, et combien de temps nous perdrons avant de prendre les choses en main. À moins que les citoyens n'acceptent la réalité de la société qui vient, plutôt que de retenir celle qui s'en va.

Remerciements

Cet ouvrage est issu d'un cheminement intérieur ancien, mais il a mûri dans une urgence relative, d'abord permise par la complicité des treize co-auteurs qui l'ont rendu possible, en mettant à son service leur intelligence et leur sensibilité. Qu'ils soient chacun remerciés pour la confiance témoignée tout au long du processus d'élaboration de ces *Temps nouveaux*.

Les auteurs souhaitent également remercier Vincent Casanova, notre éditeur, pour avoir immédiatement cru à ce projet et accepté de l'accueillir aux éditions du Seuil, ainsi que Lisa Chiquelin, pour sa participation active à toutes les étapes de son élaboration. Leurs conseils avisés et leurs relectures ont largement enrichi cet ouvrage, et ont constitué une source d'encouragement constante. Ces remerciements s'étendent à l'ensemble des équipes du Seuil, pour leur professionnalisme sans faille.

Fruit d'un effort collectif, ce livre s'est nourri des échanges et des idées de nombreuses personnes qui, chacune à leur manière, ont contribué à sa réalisation. Merci à Ariane

Chemin, Cloé Artaut, Mireille Paolini, Julien Bisson et Claire Hennebo. Merci enfin à Mathilde Serrell, pour son soutien décisif.

Directeur d'ouvrage

Vincent Martigny est politiste et historien des idées. Professeur de science politique à l'université de Nice et à l'École polytechnique, il est chercheur associé au Centre de recherches politiques de Sciences Po (Cevipof). Il est aussi membre du comité du rédaction de l'hebdomadaire *Le 1*. Il a publié plusieurs ouvrages consacrés aux récits politiques, dont *Dire la France. Cultures et identités nationales* (Presses de Sciences Po, 2016), et *Le Retour du prince* (Flammarion, 2019).

Contributrices et contributeurs :

Claire Alet est journaliste et autrice. Elle a notamment publié *Capital & Idéologie* en BD avec Benjamin Adam (Seuil, 2022 – La Revue dessinée) et *Matrice. Aux origines de la domination masculine* (Seuil, 2024).

Laurent Berger est directeur de l'Institut mutualiste pour l'environnement et la solidarité du Crédit Mutuel. Ex-secrétaire général de la CFDT, il est l'auteur de plusieurs ouvrages sur le travail, dont *Du mépris à la colère. Essai sur la France au travail* (Seuil, 2023).

Audrey Célestine est politiste, Associate Professor au département d'histoire de la New York University. Elle est l'autrice de plusieurs livres dont *Une famille française. Des Antilles à Dunkerque en passant par l'Algérie* (Textuel, 2018).

David Djaïz est essayiste et entrepreneur. Il a publié dernièrement, avec Xavier Desjardins, *La Révolution obligée. Réussir la transformation écologique sans dépendre de la Chine et des États-Unis* (Allary Éditions, 2024).

Éric Fottorino est journaliste et écrivain, ancien directeur du *Monde*. Il a cofondé *Le 1 hebdo* en 2014. Son dernier roman *Mon enfant, ma sœur*, est paru en 2023 (Gallimard).

François Gemenne est politiste, spécialiste du climat professeur à HEC Paris et chercheur du FNRS à l'université de Liège. Il a récemment publié : *L'Écologie n'est pas un consensus. Dépasser l'indignation* (Fayard, 2022).

Samuel Hayat est politiste et historien chargé de recherche du CNRS au Centre de recherches politiques de Sciences Po (Cevipof). Il travaille sur la représentation politique, la démocratie et les mouvements sociaux, au croisement de la théorie politique et de l'histoire des idées. Il a notamment publié *Démocratie* (Anamosa, 2020).

Étienne Klein est physicien et philosophe des sciences. Il est directeur de recherche au CEA, membre de l'Académie des technologies. Ses derniers ouvrages publiés sont : *Courts-circuits* (Gallimard, 2022), *L'Éternité béante* (Futuropolis, 2024).

Raphaël LLorca est codirecteur de l'Observatoire « Marques, imaginaires de consommation et politique » à la Fondation Jean-Jaurès. Il a publié dernièrement *Le Roman national des marques* (Éditions de l'Aube, 2023, Prix du livre *La Tribune* 2024).

Maïa Mazaurette est journaliste, essayiste et romancière. Elle est chroniqueuse genre et sexo pour *Le Monde* et pour *Quotidien* (TMC). Elle a notamment publié *Sortir du trou / Lever la tête* (Anne Carrière, 2020) et *Le Sexe selon Maïa. Au-delà des idées reçues* (Points, 2021).

Dominique Méda est sociologue, professeur à l'université Paris Dauphine-PSL et présidente de l'Institut Veblen. Elle est l'autrice de nombreux ouvrages sur le travail, les politiques économiques et sociales, notamment *Faut-il attendre la croissance ?*, avec Florence Jany-Catrice (La Documentation française, 2022). En 2022, elle a publié : *C'étaient les années Macron* (Champs Actuel).

Michelle Perrot est historienne d'art. Elle a développé ses recherches dans plusieurs directions : travail et monde ouvrier, pénalité et prisons, histoire des femmes qu'elle a contribué à implanter en France. Elle a codirigé, avec Georges Duby, *Histoire des femmes en Occident* (Plon, 1990-1991). Parmi ses derniers ouvrages, *George Sand à Nohant. Une maison d'artiste* (Seuil, 2018), *Le Temps des féminismes*, avec Eduardo Castillo (Grasset, 2023) et *S'engager en historienne* (CNRS Éditions, 2024).

Thomas Schlesser est directeur de la Fondation Hartung-Bergman et professeur d'histoire de l'art à l'École polytechnique. Il est l'auteur de plusieurs ouvrages, parmi lesquels *L'Univers sans l'homme* (Hazan, 2016), *Faire rêver* (Gallimard, 2019), *Anna-Eva Bergman – vies lumineuses* (Gallimard, 2022) et *Les Yeux de Mona* (Albin Michel, 2024).

Table

DEUXIÈME PARTIE

Les illusions perdues

TROISIÈME PARTIE

Une certaine idée de la France

QUATRIÈME PARTIE

Partager les pouvoirs

IMPRIM'VERT
votre imprimeur agit pour l'environnement

RÉALISATION : NORD COMPO À VILLENEUVE-D'ASCQ
IMPRESSION : CPI FRANCE
DÉPÔT LÉGAL : JANVIER 2025. N° 158498 (181547)
Imprimé en France